Ϯⲁϫⲡⲓⲁ

AGPIA

**Le preghiere
del giorno e della notte
della Chiesa Copta Ortodossa**

TRADUZIONE DAL COPTO BOHAIRICO
CON APPARATO CRITICO

Nuova edizione interamente rivista, corretta e arricchita

FORMATO MAXI A COLORI

a cura del monaco Markos el Makari

SAN MACARIO
EDIZIONI

Autore:	Monastero di San Macario il Grande
Titolo:	Agpia – Le preghiere del giorno e della notte della Chiesa Copta Ortodossa
Sottotitolo:	Traduzione dal copto bohairico – Formato Maxi a colori
Isbn:	978-1-7329852-9-2
Curatela e traduzione dal copto:	Markos el Makari
Formato:	21,59 x 27,94 cm
Pagine:	162
Copertina:	David Georgy

Seconda Edizione

Undicesima ristampa — Maggio 2025

©2020-2025 San Macario Edizioni
Monastero di San Macario il Grande
Wādī al-Naṭrūn – Egitto
www.sanmacarioedizioni.com
info@sanmacarioedizioni.com
+201282211923

S.S. Tawadros II
Papa di Alessandria
e Patriarca della predicazione di San Marco

Premessa alla prima edizione

Nel 2000 usciva la prima edizione in lingua italiana dell'Agpia, la Liturgia delle ore della Chiesa Copta Ortodossa, curata da Andrea Nicolotti, sotto il patrocinio di S.E. Anba Barnaba, vescovo della diocesi copta ortodossa di Torino e di Roma. Di grande utilità, era caratterizzata dall'essere tradotta direttamente dal copto bohairico, tranne che per la parte relativa ai salmi e alle pericopi evangeliche. Per ragioni pastorali del tempo, infatti, essi furono tratti dalla versione della CEI 1974. Questa pubblicazione, che appare con il beneplacito e la benedizione di S.S. Papa Tawadros II, intende colmare questa lacuna, offrendo l'Agpia integralmente tradotta dal testo copto bohairico "ufficiale", ivi compresi i salmi e i vangeli. Inoltre, viene tradotta per la prima volta in italiano l'assoluzione notturna per i sacerdoti.

In realtà non esiste un testo ufficiale dell'Agpia vero e proprio. L'unica edizione recente bilingue copto-araba dell'Agpia, con approvazione patriarcale, che abbiamo a disposizione è quella del 1975 a cura di Maktabat al-Kārūz. Abbiamo utilizzato, dunque, questa edizione perché, malgrado imprecisioni e lacune, è l'unica edizione moderna a stampa a contenere, a nostra conoscenza, il testo copto. Inoltre, è anche quella più vicina nella forma all'attuale versione dell'Agpia, sebbene presenti non pochi punti di divergenza. Nel corso dei secoli, l'Agpia è molto evoluta come testo liturgico. I manoscritti presentano testi molto diversi tra loro. I curatori dell'Agpia del 1975 affermano che il loro testo copto si basa sui "migliori manoscritti", senza specificare quali. Inoltre, affermano che i testi di recente introduzione, come i tropari della preghiera del sonno e gli attuali tropari del vespro, che sono assenti nei manoscritti copti (persino nei meno antichi, come il manoscritto P, usato nel famoso studio del Burmester[1]), sono stati tradotti dall'arabo verso il copto (sic!), per supplire alla mancanza del testo copto.

Per quanto ci riguarda, desiderando offrire la traduzione del testo copto dei salmi, dei vangeli e delle altre orazioni dell'Agpia, ci atteniamo all'ultima versione "ufficiale" copta disponibile, così com'è, malgrado i molti dubbi a riguardo. Un'edizione critica va ben al di là dello scopo di questo lavoro. Laddove abbiamo riscontrato refusi, parole incomprensibili o frasi mancanti, abbiamo fatto ricorso al testo scientifico del Burmester, e lo abbiamo segnalato in nota. Ricordiamo, infine, che la versione copta dei salmi è una traduzione della traduzione (è fatta sul greco della versione dei LXX, a sua volta traduzione dell'ebraico). Tuttavia, il fatto di essere antica e di presentare alcune varianti peculiari rende questa traduzione preziosa e importante, sia per l'orante che per lo studioso.

Abbiamo compiuto una traduzione quanto più possibile aderente all'originale copto, evitando però quelle costruzioni sintattiche tipiche della lingua egiziana, come la posposizione dei verbi con pronome ritornante, che in italiano possono appesantire la lettura.

Si è preferito tradurre sempre la parola ⲙⲉⲑⲙⲏ con "verità", malgrado il suo doppio significato di "verità" e "giustizia", dal momento che il traduttore copto lascia solitamente il termine greco δικαιοσύνη quando intende specificare "giustizia".

Inoltre, per dare l'opportunità all'orante di usare termini tipici della tradizione copta che hanno una loro propria bellezza, si sono lasciate alcune parole, così come sono, in copto o in greco, in traslitterazione italiana.

Queste sono:

1. La parola greca Χριστός è stata lasciata com'è, Cristo, invece di tradurla con "Unto" o di riportarla all'ebraico "Messia", per facilitare la lettura cristologica dei salmi.

2. La parola greca Λόγος, Logos, è stata preferita a "Verbo" o "Parola".

3. La parola Παντοκράτωρ, Pantocratore, è stata lasciata anch'essa com'è, invece di tradurla con la parola di origine latina "Onnipotente".

4. La parola greca Θεοτόκος, Theotókos, e quella copta ⲙⲁⲥⲛⲟⲩϯ, Masnùti, entrambe con il significato di "Genitrice di Dio", le abbiamo lasciate così

come appaiono nel testo copto, senza trasporre in italiano e senza usare il latinismo Deìpara.

5. Φιλάνθρωπος 'Amico degli uomini', è stato lasciato in traslitterazione: Filàntropo.

6. la parola Ⲁⲙⲉⲛⲧⲓ, Amènti, che è la parola egiziana per indicare il regno dei morti, è stata preferita al termine latino "Inferi" o a quello greco "Ade".

Abbiamo, infine, aggiunto la numerazione dei versi dei salmi.

Auspichiamo che questa traduzione possa non soltanto arricchire la preghiera dei fedeli copti ortodossi in Italia, ma anche aiutare sia loro che altri cristiani a conoscere meglio l'eredità e la ricchezza della liturgia della Chiesa di Alessandria.

E alla Santa Trinità gloria, onore, adorazione e gratitudine, al Padre, e al Figlio e allo Spirito Santo.

Il curatore

Monastero di San Macario il Grande
26 novembre 2019 / 16 hatur 1736
Inizio del santo digiuno della Natività

Premessa alla seconda edizione

In questa seconda edizione, abbiamo rivisto integralmente tutta l'Agpia. Innanzitutto, abbiamo corretto tutti i refusi della prima edizione. Abbiamo rivisto completamente i salmi, rifacendoci a varie edizioni del salterio boharico, in particolare all'edizione critica di De Lagarde[2], e all'edizione dell'Agpia di Rūfā'īl al-Ṭūḫī[3]. Abbiamo ricontrollato la numerazione dei versetti dei salmi sulla edizione critica di De Lagarde. Abbiamo ritradotto le pericopi evangeliche aiutandoci con il testo copto dell'edizione critica di Horner[4]. Inoltre, abbiamo cambiato il sottotitolo dell'Agpia, riprendendo quello tradizionale che appare nei manoscritti più antichi (ad esempio nel Vat. 40 copto): Ⲛⲓϣⲗⲏⲗ ⲛⲁⲡⲓⲉϩⲟⲟⲩ ⲛⲉⲙ ⲛⲁⲡⲓⲭⲱⲣϩ "Le preghiere del giorno e della notte". Abbiamo aggiunto le parti che in copto sono mancanti ma che sono in uso nella pratica attuale dell'Agpia, come la seconda parte dell'assoluzione dell'ora nona. Abbiamo segnalato con parentesi quadre le parti che, pur non apparendo nella versione di Maktabat al-Kārūz, sono in uso nella pratica attuale dell'Agpia. Quando appare in copto, abbiamo lasciato il termine Mairòmi "Amante degli uomini" in traslitterazione. L'apparato critico è stato ricontrollato e arricchito.

AT e NT indicano "Antico Testamento" e "Nuovo Testamento".

LXX sta per "versione greca dei Settanta".

BOH e SAʿ indica "copto bohairico" e "copto saʿidico".

MK indica l'edizione di Maktabat al-Kārūz.

E alla Santa Trinità gloria, onore, adorazione e gratitudine, al Padre, e al Figlio e allo Spirito Santo.

Il curatore

Monastero di San Macario il Grande
25 novembre 2020 / 16 hatur 1737
Inizio del santo digiuno della Natività

Ϣⲟⲣⲡ ⲛ̀ⲁϫⲡ ⲛⲓⲃⲉⲛ
INIZIO DI OGNI ORA

Ϧⲉⲛ Ⲫ̀ⲣⲁⲛ ⲙ̀Ⲫⲓⲱⲧ ⲛⲉⲙ Ⲡ̀ϣⲏⲣⲓ ⲛⲉⲙ Ⲡⲓⲡ̅ⲛ̅ⲁ̅ ⲉ̅ⲑ̅ⲩ̅, ⲟⲩⲚⲟⲩϯ ⲛ̀ⲟⲩⲱⲧ. Ⲁⲙⲏⲛ.	Nel nome del Padre, del Figlio, dello Spirito Santo, unico Dio. Amen.
Κύριε ἐλέησον, Κύριε ἐλέησον, Κύριε εὐλόγησον. Ἀμήν.	Signore pietà, Signore pietà, Signore benedici, Amen.
Δόξα Πατρὶ καὶ Υἱῷ καὶ Ἁγίῳ Πνεύματι. Καὶ νῦν καὶ ἀεὶ καὶ εἰς τοὺς αἰῶνας τῶν αἰώνων. Ἀμήν.	Gloria al Padre e al Figlio e allo Spirito Santo. E ora e sempre, e nei secoli dei secoli. Amen.

Inizio di ogni ora

Ⲁⲣⲓⲧⲉⲛ ⲛ̀ⲉⲙⲡ̀ϣⲁ ⲛ̀ϫⲟⲥ ϧⲉⲛ ⲟⲩϣⲉⲡ̀ϩ̀ⲙⲟⲧ:

Ϫⲉ Ⲡⲉⲛⲓⲱⲧ ⲉⲧ ϧⲉⲛ ⲛⲓⲫⲏⲟⲩⲓ ⲙⲁⲣⲉϥⲧⲟⲩⲃⲟ ⲛ̀ϫⲉ ⲡⲉⲕⲣⲁⲛ ⲙⲁⲣⲉⲥⲓ ⲛ̀ϫⲉ ⲧⲉⲕⲙⲉⲧⲟⲩⲣⲟ ⲡⲉⲧⲉϩⲛⲁⲕ ⲙⲁⲣⲉϥϣⲱⲡⲓ ⲙ̀ⲫⲣⲏϯ ϧⲉⲛ ⲧ̀ⲫⲉ ⲛⲉⲙ ϩⲓϫⲉⲛ ⲡⲓⲕⲁϩⲓ. Ⲡⲉⲛⲱⲓⲕ ⲛ̀ⲧⲉ ⲣⲁⲥϯ ⲙⲏⲓϥ ⲛⲁⲛ ⲙ̀ⲫⲟⲟⲩ ⲟⲩⲟϩ ⲭⲁ ⲛⲏⲉⲧⲉⲣⲟⲛ ⲛⲁⲛ ⲉ̀ⲃⲟⲗ ⲙ̀ⲫⲣⲏϯ ϩⲱⲛ ⲛ̀ⲧⲉⲛⲭⲱ ⲉ̀ⲃⲟⲗ ⲛ̀ⲛⲏⲉⲧⲉ ⲟⲩⲟⲛ ⲛ̀ⲧⲁⲛ ⲉ̀ⲣⲱⲟⲩ. Ⲟⲩⲟϩ ⲙ̀ⲡⲉⲣⲉⲛⲧⲉⲛ ⲉϧⲟⲩⲛ ⲉ̀ⲡⲓⲣⲁⲥⲙⲟⲥ ⲁⲗⲗⲁ ⲛⲁϩⲙⲉⲛ ⲉ̀ⲃⲟⲗϩⲁ ⲡⲓⲡⲉⲧϩⲱⲟⲩ.

Ϧⲉⲛ Ⲡⲓⲭ̀ⲣⲓⲥⲧⲟⲥ Ⲓⲏⲥⲟⲩⲥ Ⲡⲉⲛϭⲟⲓⲥ ϫⲉ ⲑⲱⲕ ⲧⲉ ϯⲙⲉⲧⲟⲩⲣⲟ ⲛⲉⲙ ϯϫⲟⲙ ⲛⲉⲙ ⲡⲓⲱⲟⲩ ϣⲁ ⲉⲛⲉϩ. Ⲁⲙⲏⲛ.

Rendici degni di dire con gratitudine:

Padre nostro che sei nei cieli, sia santificato il tuo nome, venga il tuo Regno, avvenga la tua volontà, come in cielo così in terra. Dacci oggi il nostro pane di domani. E rimetti a noi i nostri debiti, come anche noi li rimettiamo a coloro che ci sono debitori. E fa' che non entriamo in tentazione ma salvaci dal Maligno.

Per Cristo Gesù, nostro Signore, poiché tuo è il regno, tua è la potenza e la gloria nei secoli. Amen.

Inizio di ogni ora

Preghiera di ringraziamento

Rendiamo grazie al benefattore e misericordioso, Dio, Padre del nostro Signore, Dio e Salvatore, Gesù Cristo, perché ci ha protetti, aiutati, custoditi, accolti, risparmiati⁵, sostenuti, portati fino a questa ora. Chiediamogli ancora di custodirci in questo santo giorno e in tutti i giorni della nostra vita in tutta pace, lui che è il Pantocratore, Signore Dio nostro.

Sovrano, Signore Dio Pantocratore, Padre del nostro Signore, Dio e Salvatore Gesù Cristo, ti rendiamo grazie secondo ogni cosa, per ogni cosa e in ogni cosa, perché ci hai protetti, aiutati, custoditi, accolti, risparmiati, sostenuti, portati fino a questa ora. Perciò supplichiamo e invochiamo la tua benevolenza, o Mairòmi, concedici di portare a compimento anche questo santo giorno e tutti i giorni della nostra vita in tutta pace nel tuo timore. Ogni invidia, ogni tentazione, ogni azione di Satana, il consiglio dei malvagi e l'insorgere dei nemici nascosti e manifesti, toglili via da noi, da tutto il tuo popolo e da questo tuo santo luogo. E procuraci le cose buone e quelle utili, perché sei tu che ci hai dato il potere di schiacciare i serpenti e gli scorpioni e tutta la forza del Nemico.

E non farci entrare nella tentazione, ma liberaci dal Maligno. Per la grazia, le misericordie e l'amore per gli uomini del tuo Figlio unigenito, nostro Signore, Dio e Salvatore Gesù Cristo, per mezzo del quale a te spettano gloria, onore, potenza e adorazione, insieme con lui e con lo Spirito Santo vivificante e consustanziale a te, ora e sempre e nei secoli dei secoli. Amen.

Salmo 50

³Abbi misericordia di me, o Dio, secondo la tua grande misericordia, e secondo la moltitudine delle tue compassioni cancellerai la mia iniquità. ⁴Mi laverai a fondo dalla mia iniquità, mi purificherai dal mio peccato. ⁵Poiché la mia iniquità io la conosco e il mio peccato mi sta sempre davanti. ⁶Contro di te solo ho peccato, e ho compiuto il male di fronte a te, affinché tu sia

riconosciuto giusto nelle tue parole e vinca se sei giudicato. ⁷Poiché ecco, in iniquità sono stato concepito e in peccati mi ha desiderato mia madre. ⁸Poiché ecco, tu hai amato la verità e mi hai fatto conoscere gli arcani e i misteri della tua sapienza. ⁹Mi aspergerai con il tuo issopo e sarò puro. Mi laverai e sarò più bianco della neve. ¹⁰Mi farai udire esultanza e gioia, esulteranno le mie ossa umiliate. ¹¹Distogli il tuo volto dai miei peccati e cancellerai tutte le mie iniquità. ¹²Un cuore puro, creerai in me, o Dio; uno spirito retto, rinnova nelle mie viscere. ¹³Non rigettarmi lontano dal tuo volto. Il tuo Spirito Santo non toglierlo da me. ¹⁴Donami l'esultanza della tua salvezza e con Spirito guida⁶ fortificami. ¹⁵Insegnerò agli iniqui le tue vie e gli empi ritorneranno a te. ¹⁶Salvami dal sangue, o Dio, Dio della mia salvezza: esulterà la mia lingua nella tua giustizia. ¹⁷Signore, aprirai le mie labbra e la mia bocca canterà la tua benedizione. ¹⁸Poiché se tu avessi voluto un sacrificio, io l'avrei offerto. Ma di olocausti non ti sei compiaciuto. ¹⁹Il sacrificio per Dio è uno spirito contrito. Un cuore contrito e umiliato, Dio non lo disprezzerà. ²⁰Benefica, Signore, nella tua benevolenza, Sion, e siano edificate le mura di Gerusalemme. ²¹Allora ti compiacerai di sacrifici di verità, di un'oblazione e di olocausti. Allora si offriranno vitelli sopra il tuo altare. *Alleluia.*

Ⲡⲓϣⲗⲏⲗ ⲛ̀ϩⲁⲛⲁ̀ⲧⲟⲟⲩⲓ̀
PREGHIERA DEL MATTINO

Inizio di ogni ora

Ϧⲉⲛ Ⲫ̀ⲣⲁⲛ ⲙ̀Ⲫⲓⲱⲧ ⲛⲉⲙ Ⲡ̀ϣⲏⲣⲓ ⲛⲉⲙ Ⲡⲓⲡ̅ⲛ̅ⲁ̅ ⲉ̅ⲑ̅ⲩ̅, ⲟⲩⲚⲟⲩϯ ⲛ̀ⲟⲩⲱⲧ. Ⲁⲙⲏⲛ.	Nel nome del Padre, del Figlio, dello Spirito Santo, unico Dio. Amen.
Κύριε ἐλέησον, Κύριε ἐλέησον, Κύριε εὐλόγησον. Ἀμήν.	Signore pietà, Signore pietà, Signore benedici, Amen.
Δόξα Πατρὶ καὶ Υἱῷ καὶ Ἁγίῳ Πνεύματι. Καὶ νῦν καὶ ἀεὶ καὶ εἰς τοὺς αἰῶνας τῶν αἰώνων. Ἀμήν.	Gloria al Padre e al Figlio e allo Spirito Santo. E ora e sempre, e nei secoli dei secoli. Amen.

Padre nostro (p. 12)

Preghiera di ringraziamento (p. 13)

Salmo 50 (p. 13)

Preghiera del mattino

Preghiera introduttiva del mattino

Venite, prostriamoci, venite, supplichiamo Cristo, nostro Dio.
Venite, prostriamoci, venite, supplichiamo Cristo, nostro Re.
Venite, prostriamoci, venite, supplichiamo Cristo, nostro Salvatore.
Signore nostro Gesù Cristo, Logos di Dio, nostro Dio, per le intercessioni della Santa Maria e dei tuoi santi, custodiscici, fa' che ti glorifichiamo degnamente[z], e abbi compassione di noi secondo la tua volontà in eterno. La notte è passata. Ti ringraziamo Signore e ti chiediamo di custodirci in questo giorno senza peccato, e salvaci.

Apostolo
Dalla Lettera agli Efesini (4,1-5)

Vi supplico, io prigioniero nel Signore, a camminare in modo degno della vocazione alla quale siete stati chiamati, con ogni umiltà di cuore, mansuetudine e longanimità, sopportandovi a vicenda con amore, essendo solleciti nel custodire l'unità dello Spirito mediante il vincolo perfetto della pace. Un solo corpo e un solo Spirito, così come anche siete stati chiamati in un'unica speranza, quella della vostra vocazione. Un solo Signore, una sola fede, un solo battesimo.

Dalla fede della Chiesa

Uno è Dio, Padre di tutti. Uno è anche il suo Figlio, Gesù Cristo, il Logos che si è incarnato, è morto ed è risorto dai morti il terzo giorno: egli ci ha fatto risorgere insieme a lui. Uno è lo Spirito Santo Paràclito, uno nella sua ipostasi, e procede dal Padre, purificando tutta la creazione e insegnandoci ad adorare la Santa Trinità in una sola divinità e in una sola natura: noi la lodiamo e la benediciamo in eterno. Amen.

Preghiera del mattino

[Ⲡⲟ̅ⲥ̅ Ⲡⲟ̅ⲥ̅ ⲛⲁⲓ ⲛⲁⲛ. | Signore, Signore, abbi pietà di noi.]

L'inno mattutino del giorno benedetto. Lo offrirò a Cristo, mio re e mio Dio. Io spererò in lui affinché mi rimetta i miei peccati. Dai salmi del nostro maestro, il profeta Davide. Che la sua benedizione sia su tutti noi, amen.

Salmo 1

¹Beato è l'uomo che non è andato nel consiglio degli empi,
non ha indugiato nella via dei peccatori,
e non si è seduto sulla cattedra dei pestilenti,
²ma che, desiderando la legge del Signore,
medita la sua legge giorno e notte.
³Sarà come albero che germoglia lungo canali d'acqua
e che darà frutto a suo tempo. Di lui neanche una foglia cadrà.
In tutto ciò che fa, prospera.
⁴Non così gli empi, non così.
Ma come polvere che il vento disperde dalla faccia della terra.
⁵Perciò gli empi non sorgeranno nel giudizio,
né i peccatori nel consiglio dei giusti.
⁶Poiché il Signore conosce la via dei giusti.
La via degli empi perirà. *Alleluia*.

Salmo 2

¹Perché le nazioni hanno strepitato
e i popoli hanno meditato vanità?
²Sono insorti i re della terra e anche i capi si sono riuniti insieme
per combattere contro il Signore e contro il suo Cristo.
³"Rompiamo i loro legami e gettiamo via da noi anche il loro giogo".
⁴Colui che dimora nei cieli riderà di loro e il Signore si farà beffe di loro.

⁵Allora parlerà loro nella sua ira, e con la sua collera li confonderà.
⁶"Io, infatti, sono stato stabilito da lui re su Sion, sua montagna santa, per proclamare il decreto del Signore.
⁷Il Signore mi ha detto: 'Tu sei mio figlio, io ti ho generato oggi.
⁸Chiedimi e ti darò in eredità nazioni,
e la tua potenza si estenderà fino ai confini della terra.
⁹Le pascolerai⁸ con verga di ferro
e le frantumerai come vaso di ceramista'".
¹⁰Ora, re, capite, fatevi istruire, o voi tutti che giudicate la terra.
¹¹Servite il Signore con timore, ed esultate in lui con tremore.
¹²Fate vostro l'insegnamento affinché il Signore non si adiri
e non vi smarriate sulla via della verità,
¹³quando rapidamente divampa la sua ira.
Beati tutti coloro che confidano in lui. *Alleluia.*

Salmo 3

²Signore, perché sono aumentati coloro che mi opprimono?
Molti sono insorti contro di me.
³Molti dicono alla mia anima:
"Non c'è salvezza per lui nel suo Dio!".
⁴Ma tu, Signore, sei colui che mi accoglie,
la mia gloria e colui che solleva il mio capo.
⁵Con la mia voce ho gridato al Signore
e mi ha ascoltato dalla sua santa montagna.
⁶Ma io mi sono coricato e mi sono addormentato,
mi sono svegliato perché il Signore mi accoglierà.
⁷Non temerò miriadi di moltitudini che mi circondano,
che si levano contro di me.
⁸Sorgi Signore, salvami mio Dio,

perché tu hai colpito tutti quelli che mi avversano senza motivo,
hai spezzato i denti ai peccatori.
⁹Del Signore è la salvezza,
e la sua benedizione è sul suo popolo. *Alleluia.*

Salmo 4

²Quando ho innalzato il mio grido,
il Dio della mia verità mi ha ascoltato.
Nell'avversità mi hai fatto respirare².
Abbi compassione di me, Signore,
e ascolta la mia preghiera.
³O figli degli uomini fino a quando i vostri cuori saranno induriti?
Perché amate la vanità e andate in cerca della falsità?
⁴Sappiate che il Signore ha fatto del suo santo una meraviglia.
Il Signore mi ascolterà quando grido a lui.
⁵Adiratevi e non peccate:
di ciò che dite nei vostri cuori provate compunzione sui vostri letti.
⁶Fate un sacrificio di verità, sperate nel Signore.
⁷Molti dicono: "Chi potrà farci conoscere le cose buone?".
La luce del tuo volto ha lasciato un segno su di noi, Signore.
⁸Hai dato gioia al mio cuore,
mentre essi sono abbondati nel frutto del loro grano, vino e olio.
⁹In pace mi coricherò e mi addormenterò allo stesso tempo,
poiché tu solo Signore mi hai fatto dimorare nella speranza. *Alleluia.*

Salmo 5

²Presta ascolto Signore alle mie parole, intendi la mia voce.
³Sii attento alla voce della mia preghiera, mio re e mio Dio,
perché è te che supplicherò, Signore.

Preghiera del mattino

⁴Al mattino ascolterai la mia voce,
di buon'ora starò in piedi davanti a te e mi vedrai.
⁵Perché tu sei un Dio che non desidera l'iniquità,
né abiterà presso di te colui che fa il male,
⁶e i trasgressori non reggeranno di fronte ai tuoi occhi.
Signore, hai odiato tutti coloro che si danno all'iniquità.
⁷Farai perire tutti quelli che dicono falsità.
Il Signore aborrisce l'uomo sanguinario e falso.
⁸Ma io, secondo l'abbondanza della tua misericordia,
entrerò nella tua casa,
mi prostrerò davanti al tuo santo tempio nel tuo timore.
⁹Guidami, Signore, nella tua verità,
a motivo dei miei nemici, raddrizza la mia via di fronte a te.
¹⁰Poiché non c'è verità nelle loro bocche,
vuoto è il loro cuore, tomba spalancata è la loro gola.
Hanno ingannato con la loro lingua.
¹¹Giudicali, o Dio, cadano in tutti i loro consigli.
Secondo la moltitudine delle loro empietà, annientali,
perché ti hanno adirato, Signore.
¹²Si rallegrino tutti coloro che sperano in te:
esulteranno in eterno e tu dimorerai in loro,
e si vanteranno di te tutti coloro che amano il tuo nome.
¹³Perché tu hai benedetto il giusto, Signore:
come un'arma di benevolenza hai posto su di noi una corona. *Alleluia*.

Salmo 6

²Signore, non rimproverarmi nella tua ira
e non punirmi nella tua collera.
³Abbi misericordia di me, Signore, perché sono debole.

Guariscimi, Signore, perché le mie ossa si sono turbate
⁴e la mia anima è molto inquieta.
Ma tu, Signore, fino a quando?
⁵Torna, salva la mia anima, vivificami per la tua misericordia.
⁶Perché non c'è nella morte chi ti ricorda.
Chi sarà capace di confessarti nell'Amènti?
⁷Mi sono consumato nel mio gemito, bagnerò il mio letto ogni notte.
Con le mie lacrime inzupperò il mio giaciglio.
⁸Il mio occhio è offuscato dall'ira,
sono invecchiato in mezzo a tutti i miei nemici.
⁹Andate via da me, voi tutti che operate l'iniquità,
perché il Signore ha ascoltato la voce del mio pianto.
¹⁰Il Signore ha ascoltato la mia supplica,
il Signore ha accolto la mia preghiera.
¹¹Tutti i miei nemici saranno svergognati e saranno fortemente turbati,
indietreggeranno e saranno presto svergognati grandemente. *Alleluia.*

Salmo 8

²O Signore, nostro Signore,
come meraviglia è diventato il tuo nome su tutta la terra!
Poiché l'immensità della tua bellezza si è innalzata al di sopra dei cieli.
³Dalla bocca di piccoli e lattanti
hai preparato la lode a motivo dei tuoi nemici,
per far smettere nemico e vendicatore.
⁴Poiché vedrò i cieli, opere delle tue dita,
la luna e le stelle che tu hai creato:
⁵chi è l'uomo perché te ne ricordi, o il figlio dell'uomo perché tu lo visiti?
⁶Lo hai reso umile, facendolo piccolo, più piccolo degli angeli.
Gloria e onore gli hai dato come corona.

⁷Lo hai posto al di sopra delle opere delle tue mani,
hai sottomesso ogni cosa sotto i suoi piedi:
⁸le pecore e tutte le mucche, perfino le bestie del campo,
⁹gli uccelli del cielo, e i pesci del mare che attraversano le vie dei mari.
¹⁰O Signore, nostro Signore,
come meraviglia è diventato il tuo nome su tutta la terra! *Alleluia.*

Salmo 11

²Vivificami, Signore, perché l'uomo santo è venuto a mancare,
perché le verità sono divenute scarse tra i figli degli uomini.
³Ognuno ha parlato di vanità al suo amico.
Labbra ingannatrici nel loro cuore,
e nel loro cuore hanno parlato.
⁴Distruggerà il Signore ogni labbro ingannatore
e ogni lingua che parla con superbia,
⁵quelli che dicono: "Innalzeremo la nostra lingua,
le nostre labbra sono dalla nostra parte: chi può dominarci?".
⁶"A motivo della miseria dei poveri
e del gemito dei sofferenti ora sorgerò", dice il Signore.
"Verrò per realizzare la salvezza e mi rivelerò in essa".
⁷I detti del Signore sono detti puri, argento raffinato,
saggiato nella terra, purificato sette volte.
⁸Ma tu, Signore, ci salverai e ci custodirai da questa generazione, e in eterno.
⁹Gli empi si aggirano attorno.
Secondo la tua magnificenza,
hai reso longevi i figli degli uomini. *Alleluia.*

Salmo 12

²Fino a quando, Signore, ti dimenticherai di me in eterno?

Fino a quando distoglierai da me il tuo volto?
³Fino a quando continueranno questi pensieri[10] nella mia anima,
e queste angosce nel mio cuore tutto il giorno?
Fino a quando si leverà al di sopra di me il mio nemico?
⁴Guarda, ascoltami, Signore, mio Dio.
Illumina i miei occhi, perché io non mi addormenti nella morte,
⁵perché il mio nemico non dica: "Ho prevalso su di lui".
Coloro che mi opprimono esulteranno se io vacillo.
⁶Ma io ho sperato nella tua compassione,
il mio cuore si rallegrerà per la tua salvezza.
Loderò il Signore che mi ha fatto del bene
e inneggerò al nome del Signore, l'Altissimo. *Alleluia.*

Salmo 14

¹Signore, chi sarà in grado di abitare nella tua dimora
o chi potrà riposarsi sul tuo monte santo,
²se non colui che cammina in maniera irreprensibile
e opera giustizia, dicendo la verità in cuor suo,
³che non ha ingannato con la sua lingua,
non ha commesso cattiveria ai danni del suo prossimo
e non ha accettato di svergognare i suoi vicini?
⁴Disprezzato davanti a lui chi compie il male,
ma egli glorifica coloro che temono il Signore.
Colui che giura al suo prossimo e non viene meno,
⁵colui che non ha dato il proprio denaro ad usura
e che non ha accettato regalìe contro gli innocenti:
chi fa queste cose, non sarà scosso in eterno. *Alleluia.*

Salmo 15

¹Custodiscimi, Signore, poiché ho sperato in te.
²Ho detto al Signore: "Tu sei il mio Signore,
perché dei miei beni non hai bisogno".
³Ha rivelato le sue meraviglie ai santi che sono sulla sua terra
e ha realizzato in loro tutti i suoi desideri.
⁴Si sono moltiplicate le infermità dei pagani[11],
dopo le quali sono stati solleciti[12].
Non radunerò le loro adunanze sanguinarie,
né farò memoria dei loro nomi con le mie labbra.
⁵Porzione della mia eredità e mio calice[13] è il Signore:
tu sei colui che ristabilirà per me la mia eredità.
⁶Corde sono cadute per me in luoghi stabili[14]:
infatti anche la mia eredità è salda per me.
⁷Benedirò il Signore che mi ha fatto comprendere,
tanto che fino a notte mi hanno istruito i miei reni.
⁸Mi sono affrettato a vedere sempre il Signore davanti a me.
Egli è alla mia destra affinché io non vacilli.
⁹Perciò il mio cuore ha gioito e la mia lingua ha esultato,
perfino la mia carne dimorerà nella speranza,
¹⁰perché non abbandonerai la mia anima nell'Amènti,
né permetterai che il tuo santo veda la corruzione.
¹¹Mi hai insegnato le vie della vita,
mi colmerai di gioia con il tuo volto.
Felice chi sta alla tua destra in eterno. *Alleluia*.

Salmo 18

²I cieli parlano della gloria di Dio,
il firmamento proclama la creazione delle sue mani.

Preghiera del mattino

³Il giorno dice al giorno una parola,
e la notte confessa alla notte conoscenza.
⁴Non sono parole, né discorsi di cui non si udranno le voci.
⁵La loro voce si è diffusa su tutta la terra,
le loro parole hanno raggiunto le estremità del mondo.
⁶Ha stabilito la sua dimora nel sole,
ed esso, come sposo che esce dal suo talamo, esulterà,
come un gigante che corre per la sua via.
⁷Da un'estremità del cielo è la sua uscita,
e la sua meta è fino all'altra estremità del cielo.
Non c'è chi sia capace di nascondersi al suo calore.
⁸La legge del Signore è pura, fa ritornare le anime [a Dio].
La testimonianza del Signore è affidabile, istruisce i bambini piccoli.
⁹Le verità del Signore sono rette, allietano il cuore.
Il comandamento del Signore è una luce
che proviene da lontano, illuminando gli occhi.
¹⁰Il timore del Signore è puro, rimane per l'eternità dell'eternità.
I giudizi del Signore sono al contempo giudizi veritieri e giustificati.
¹¹I desideri del suo cuore sono migliori dell'oro
e di una pietra di gran prezzo, e più dolci del miele e del favo.
¹²Il tuo servo, infatti, li custodirà:
nel custodirli c'è grande guadagno.
¹³Chi sarà in grado di discernere le cadute?
Purificami, Signore, dalle cose che mi sono celate.
¹⁴E risparmia al tuo servo quelle che non mi appartengono.
Se non mi domineranno, allora sarò puro
e sarò purificato dal grande peccato.
¹⁵Tutte le parole della mia bocca saranno in accordo,
e la meditazione del mio cuore davanti a te in ogni momento.

Signore, mio aiuto e mio redentore. *Alleluia*.

Salmo 24

¹A te, Signore, ho innalzato la mia anima.
²Dio mio, ho confidato in te.
Non svergognarmi, non mi deridano i miei nemici.
³Poiché tutti coloro che ti attendono non saranno svergognati.
Siano svergognati tutti quelli che invano compiono l'iniquità.
⁴Rivelami, Signore, le tue vie e insegnami i tuoi sentieri.
⁵Guidami alla tua verità e rendimi sapiente,
perché tu sei Dio, mio salvatore. Ti ho atteso tutto il giorno.
⁶Ricordati, Signore, delle tue compassioni e delle tue misericordie,
perché esse sono da sempre.
⁷Non ricordarti dei peccati della mia giovinezza
e di quelli compiuti per la mia ignoranza.
Secondo la tua misericordia ricordati di me,
a motivo della tua bontà, Signore.
⁸Poiché buono e retto è il Signore.
Per questo stabilirà una legge
per coloro che peccano sulla via.
⁹Guiderà i miti nel giudizio,
insegnerà ai miti i suoi sentieri.
¹⁰Poiché tutti i sentieri del Signore sono misericordia e verità
per coloro che cercano la sua alleanza e le sue testimonianze.
¹¹A motivo del tuo nome, Signore,
perdonerai il mio peccato:
poiché, infatti, esso si è moltiplicato.
¹²Chi è l'uomo che teme il Signore?
Egli stabilirà una legge per lui sulla via che gli è gradita.

¹³La sua anima dimorerà tra beni,
la sua discendenza erediterà una terra.
¹⁴Il Signore è la saldezza di coloro che lo temono,
e il nome del Signore è di coloro che lo temono.
A loro manifesterà la sua alleanza.
¹⁵I miei occhi fissano lo sguardo in ogni momento sul volto del Signore,
perché è lui che tirerà fuori i miei piedi dalla trappola.
¹⁶Guardami e abbi pietà di me,
perché io sono figlio unico, io sono povero, io.
¹⁷Le angosce del mio cuore si sono moltiplicate:
fammi uscire dalle mie afflizioni.
¹⁸Guarda la mia umiliazione e la mia fatica
e perdonami tutti i miei peccati.
¹⁹Vedi i miei nemici, poiché si sono moltiplicati
e mi hanno odiato con odio violento.
²⁰Custodisci la mia anima e salvami:
fa' che io non sia svergognato, perché ho sperato in te.
²¹Gli innocenti[15] e i retti si sono uniti a me,
perché ti ho atteso, Signore.
²²O Dio, riscatta Israele da tutte le sue afflizioni. *Alleluia*.

Salmo 26

¹Il Signore è mia luce e mia salvezza,
di chi avrò paura?
Il Signore è colui che si prende cura della mia guarigione[16],
di fronte a chi sarò pusillanime[17]?
²Quando coloro che mi fanno soffrire
si sono avvicinati a me per divorarmi la carne,
coloro che mi opprimono e i miei nemici si sono ammalati e sono caduti.

Preghiera del mattino

³Se contro di me si lanciasse un accampamento,
il mio cuore non temerebbe.
Se si sollevasse una guerra contro di me,
anche allora io spererei.
⁴Una sola cosa ho chiesto al Signore,
ed è questa che cercherò:
abitare nella casa del Signore tutti i giorni della mia vita,
contemplare la gioia del Signore
e visitare il suo santo tempio.
⁵Poiché mi ha nascosto nella sua tenda nel giorno dei miei mali,
mi ha posto al riparo nel segreto della sua tenda,
mi ha innalzato su una roccia.
⁶E ora, ecco, ha innalzato il mio capo sui miei nemici.
Nella sua tenda ho girato e ho offerto un sacrificio di esultanza:
loderò e canterò al Signore.
⁷Ascolta, Signore, la mia voce con la quale ho gridato:
abbi pietà di me e ascoltami.
⁸Poiché è a te che il mio cuore ha detto:
"Ho cercato il tuo volto".
È il tuo volto, Signore, che cercherò.
⁹Non distogliere il tuo volto da me
e non voltare le spalle al tuo servo con ira.
Sii per me un aiuto,
non abbandonarmi e non ignorarmi, o Dio, mio salvatore.
¹⁰Poiché mio padre e mia madre mi hanno abbandonato,
ma il Signore mi ha accolto.
¹¹Stabilisci per me una legge, Signore, sulle tue vie
e conducimi su una retta via a motivo dei miei nemici.
¹²Non consegnarmi alle anime di coloro che mi opprimono,

perché contro di me sono sorti testimoni iniqui e
l'iniquità ha detto falsità a se stessa.
¹³Avrò fede che vedrò i beni del Signore nella terra dei viventi.
¹⁴Attendi il Signore! Sii forte, sia saldo il tuo cuore!
E attendi il Signore! *Alleluia.*

Salmo 62

²Dio, Dio mio, all'alba verrò a te
poiché di te ha avuto sete l'anima mia,
affinché la mia carne fiorisca per te in una terra deserta
e in un luogo impercorribile e senz'acqua.
³Così mi sono mostrato a te nel tuo santuario,
per vedere la tua potenza e la tua gloria.
⁴Poiché la tua misericordia è migliore di qualsiasi tipo di vita[18],
le mie labbra ti benediranno.
⁵Così ti benedirò nella mia vita,
leverò le mie mani nel tuo nome.
⁶Come con grasso e lardo si sazierà la mia anima.
Labbra di esultanza benediranno il tuo nome.
⁷Mi ricordavo di te sul mio giaciglio,
ero solito meditare su di te nelle ore mattutine.
⁸Poiché sei divenuto per me un aiuto,
ed esulterò all'ombra delle tue ali.
⁹La mia anima si è aggrappata a te,
ed io sono stato accolto dalla tua destra.
¹⁰Ma essi hanno perseguitato la mia anima:
entreranno nelle regioni sotterranee.
¹¹Saranno dati in mano alla spada,
saranno porzioni per volpi.

¹²Il re, invece, si rallegrerà in Dio.
Tutti quelli che giureranno per lui si glorieranno,
perché sarà chiusa la bocca di coloro che parlano con iniquità. *Alleluia.*

Salmo 66

²Dio avrà compassione di noi e ci benedirà.
Mostrerà il suo volto su di noi e avrà pietà di noi.
³Per far conoscere la tua via sulla terra
e la tua salvezza tra tutte le nazioni.
⁴Ti confessino popoli, o Dio,
ti confessino i popoli tutti.
⁵Gioiscano ed esultino le nazioni,
poiché giudicherai popoli con rettitudine
e guiderai nazioni sulla terra.
⁶Ti confessino popoli, o Dio,
ti confessino i popoli tutti.
⁷La terra ha dato il suo frutto,
ci benedirà Dio, il nostro Dio.
⁸Ci benedirà Dio. Lo temano tutte le estremità della terra. *Alleluia.*

Salmo 69

²Dio, vieni in mio aiuto[19]!
Affrettati, Signore, soccorrimi!
³Siano svergognati e confusi
coloro che cercano la mia anima.
Tornino indietro e siano svergognati
coloro che desiderano farmi del male.
⁴Tornino all'istante, svergognati,
coloro che mi dicono: "Ben ti sta!".

⁵Esultino e gioiscano in te tutti coloro che ti cercano,
e dicano in ogni momento coloro che amano la tua salvezza:
"Sia magnificato il Signore".
⁶Ma io sono povero e debole: o Dio, aiutami.
Tu sei il mio aiuto e il mio liberatore. Signore, non tardare! *Alleluia*.

Salmo 112

¹Lodate il Signore, o giovani,
lodate il nome del Signore.
²Sia benedetto il nome del Signore da ora e in eterno.
³Da Oriente a Occidente, lodate il nome del Signore.
⁴Il Signore è innalzato sopra tutte le nazioni,
la sua gloria è al di sopra dei cieli.
⁵Chi è come il Signore nostro Dio,
colui che dimora nelle altezze
⁶e guarda dall'alto le bassezze, nel cielo e sulla terra?
⁷Egli ha sollevato da terra il povero,
innalzando il mendicante dal letamaio,
⁸per farlo sedere con i capi, con i capi del suo popolo.
⁹Egli fa abitare la sterile in una casa, madre gioiosa di figli. *Alleluia*.

Salmo 142

¹Signore, ascolta la mia preghiera.
Porgi l'orecchio alla mia supplica, nella tua verità.
Ascoltami nella tua giustizia.
²Non entrare in giudizio con il tuo servo,
poiché davanti a te nessun vivente si potrà considerare giusto.
³Poiché il nemico ha perseguitato la mia anima,
ha umiliato la mia vita fino a terra,

Preghiera del mattino

mi ha fatto sedere in luoghi tenebrosi,
come uno morto da sempre.
⁴Si è afflitto in me il mio spirito,
si è turbato dentro di me il mio cuore.
⁵Mi sono ricordato dei giorni antichi,
ho meditato su tutte le tue opere e
meditavo sulle creazioni delle tue mani.
⁶Ho innalzato le mie mani verso di te.
La mia anima è divenuta come terra arida per te.
⁷Ascoltami, presto, Signore,
poiché il mio spirito è venuto meno.
Non distogliere il tuo volto da me,
altrimenti sarò simile a coloro che scendono nella fossa.
⁸Che io possa udire la tua misericordia al mattino,
poiché ho sperato in te.
Fammi conoscere, Signore, la via su cui camminare,
poiché ho innalzato a te l'anima mia.
⁹Salvami dalle mani dei miei nemici, Signore,
poiché mi sono rifugiato in te.
¹⁰Insegnami a fare la tua volontà,
perché tu sei il mio Dio.
Il tuo Spirito Santo mi guidi in ciò che è retto.
¹¹A motivo del tuo nome, Signore, fammi vivere.
Nella tua verità tirerai fuori dall'avversità la mia anima,
¹²e nella tua misericordia cancellerai i miei nemici.
Farai perire tutti coloro che opprimono la mia anima,
perché io sono tuo servo. *Alleluia.*

Preghiera del mattino

[Δόξα σοι, ὁ Θεὸς ἡμῶν
Dal Vangelo secondo San Giovanni l'Evangelista.
Che la sua benedizione sia su tutti noi, amen.]

VANGELO SECONDO SAN GIOVANNI 1,1-17

In principio era la Parola[20], e la Parola era presso Dio, e la Parola era Dio. Egli era sin dall'inizio presso Dio. Ogni cosa è venuta all'esistenza per mezzo di lui, e senza di lui nulla è venuto all'esistenza di ciò che è venuto all'esistenza. La Vita era quella che era in lui, e la Vita era la Luce degli uomini. E la Luce ha rifulso nella tenebra e la tenebra non l'ha afferrata. Vi è stato un uomo mandato da Dio. Il suo nome è Giovanni. Egli è venuto per una testimonianza, per rendere testimonianza alla Luce, affinché ognuno credesse per mezzo di lui. Non era lui la Luce, ma [è venuto] per rendere testimonianza alla Luce. Esisteva la Luce vera che illumina ogni uomo che viene nel mondo. Egli era nel mondo, e il mondo è venuto all'esistenza per mezzo di lui, e il mondo non lo ha riconosciuto. Egli è venuto dai suoi, e i suoi non lo hanno accolto. Ma a coloro che lo hanno accolto ha dato potere di essere figli di Dio, a coloro che credono nel suo nome, a coloro che non da sangue, né da desiderio di carne, né da desiderio di uomo, ma da Dio sono nati. E la Parola si è fatta carne, ed è venuta ad abitare in noi, e noi abbiamo visto la sua gloria, come la gloria di Figlio unigenito di suo Padre, pieno di grazia e di verità. Giovanni dunque ha testimoniato riguardo a lui, e ha gridato dicendo: "Questo è colui del quale ho detto che colui che viene dopo di me mi ha preceduto, perché era davvero prima di me". Poiché noi tutti abbiamo ricevuto dalla sua pienezza, e grazia su grazia. Poiché la legge è stata data per mezzo di Mosè. Ma la grazia e la verità sono venute per mezzo di Gesù Cristo.

Gloria al nostro Dio.

Preghiera del mattino

| Ⲧⲉⲛⲟⲩⲱϣⲧ ⲙ̄ⲙⲟⲕ ⲱ Ⲡ̄ⲭ̄ⲥ̄ ⲛⲉⲙ Ⲡⲉⲕⲓⲱⲧ ⲛ̄ⲁⲅⲁⲑⲟⲥ ⲛⲉⲙ Ⲡⲓⲡ̄ⲛ̄ⲁ̄ ⲉⲑ︤ⲩ︥ ϫⲉ ⲁⲕⲓ̀ ⲁⲕⲥⲱϯ ⲙ̄ⲙⲟⲛ. Ⲛⲁⲓ ⲛⲁⲛ. | Ti adoriamo o Cristo, insieme al tuo Padre buono, e allo Spirito Santo, perché sei venuto[21] e ci hai salvati. Abbi pietà di noi.] |

✠ O vera Luce che illumini ogni uomo che viene nel mondo, sei venuto nel mondo per il tuo amore per gli uomini. Tutto il creato ha esultato per la tua venuta. Hai salvato Adamo dall'inganno, hai liberato Eva dalle doglie della morte. Ci hai donato lo spirito della figliolanza. Ti lodiamo e ti benediciamo con i tuoi angeli dicendo:

| Δόξα Πατρὶ καὶ Υἱῷ καὶ Ἁγίῳ Πνεύματι. | Gloria al Padre, e al Figlio, e allo Spirito Santo. |

✠ Sopraggiungendo il tempo mattutino, o Cristo nostro Dio, o vera Luce, sorgano in noi i pensieri della luce. Non ci copra la tenebra delle passioni affinché possiamo lodarti spiritualmente insieme a Davide, innalzando il nostro grido verso di te e dicendo: "I miei occhi hanno anticipato l'aurora affinché meditassi tutte le tue parole". Ascolta la nostra voce secondo la tua grande misericordia. Salvaci, Signore nostro Dio, secondo le tue compassioni.

| Καὶ νῦν καὶ ἀεὶ καὶ εἰς τοὺς αἰῶνας τῶν αἰώνων. Ἀμήν. | E ora e sempre, e nei secoli dei secoli. Amen. |

✠ Tu sei l'onorata Madre della Luce, da Oriente a Occidente ti offrono dossologie, o Masnùti, o secondo cielo. Tu sei, infatti, il puro e immutabile fiore e la Madre sempre vergine, poiché il Padre ti ha scelta, lo Spirito Santo ti ha adombrata, il Figlio di Dio è venuto e si è incarnato da te. Supplicalo di concedere la salvezza al mondo che ha creato e di liberarlo dalle tentazioni. Cantiamogli un canto nuovo, e benediciamolo.

Preghiera del mattino

La lode degli angeli

Lodiamo con gli angeli: "Gloria a Dio nelle altezze, e pace sulla terra, e benevolenza tra gli uomini[22]". Noi ti lodiamo, ti benediciamo, ti serviamo, ti adoriamo, ti confessiamo, proclamiamo la tua gloria, ti rendiamo grazie per la tua grande gloria. Signore, Re, che sei al di sopra dei cieli, o Dio Padre Pantocratore, o Signore, unico Figlio, Unigenito, Gesù Cristo, e Spirito Santo. Signore Dio, Agnello di Dio, Figlio del Padre, tu che togli il peccato del mondo, abbi pietà di noi; tu che togli il peccato del mondo, accogli le nostre suppliche a te. Tu che siedi alla destra del Padre tuo, abbi pietà di noi. Tu solo sei santo, tu solo sei esaltato, mio Signore Gesù Cristo, con lo Spirito Santo, per la gloria di Dio Padre. Amen.

Ti benedirò giorno dopo giorno, benedirò il tuo santo nome in eterno e per l'eternità dell'eternità. Dalla notte il mio spirito si è affrettato a venire a te, o Dio, poiché i tuoi comandamenti sono luci sulla terra. Meditavo sulle tue vie, poiché tu sei diventato per me un soccorritore. Al mattino, Signore, ascolterai la mia voce. Di buon'ora starò in piedi davanti a te, tu mi vedrai.

Trisághion

Santo Dio, Santo Forte, Santo Immortale, generato dalla Vergine, abbi pietà di noi.

Santo Dio, Santo Forte, Santo Immortale, crocifisso per noi, abbi pietà di noi.

Santo Dio, Santo Forte, Santo Immortale, risorto dai morti e asceso ai cieli, abbi pietà di noi.

Gloria al Padre, e al Figlio, e allo Spirito Santo. E ora e sempre, e nei secoli dei secoli. Amen. Santa Trinità, abbi pietà di noi. Santissima Trinità, abbi pietà di noi. Santa Trinità, abbi pietà di noi.

Signore, perdonaci i nostri peccati. Signore, perdonaci le nostre iniquità. Signore, perdonaci le nostre cadute. Signore, visita i malati del tuo popolo e guariscili a motivo del tuo santo nome. Concedi il riposo, Signore, alle anime dei nostri padri e dei nostri fratelli che si sono addormentati. O Signore senza peccato, abbi pietà di noi. O Signore senza peccato, aiutaci, accogli le nostre suppliche a te. Poiché tua è la gloria e la potenza e il trisághion, Signore pietà, Signore pietà, Signore benedici. Amen.

Rendici degni di dire con gratitudine:

Padre nostro (p. 12)

Poi si dice:

Ti salutiamo[23]! Ti supplichiamo, o Santa, piena di gloria, sempre Vergine, Masnùti, Madre del Cristo. Innalza la nostra preghiera al tuo amato Figlio affinché ci perdoni i nostri peccati. Ti salutiamo, tu che hai generato per noi la vera Luce, Cristo nostro Dio, o Santa Vergine. Supplica il Signore per noi, affinché abbia pietà per le nostre anime e ci perdoni i nostri peccati. Vergine Maria, santa Theotókos, patrona degna di fede del genere umano, intercedi per noi al cospetto di Cristo che tu hai generato, affinché ci conceda il perdono dei nostri peccati. Ti salutiamo, o Vergine, autentica e vera Regina. Ti salutiamo, o vanto del nostro genere umano[24]: tu hai generato per noi l'Emmanuele. Ti supplichiamo, ricordati di noi, o patrona degna di fede, davanti al nostro Signore Gesù Cristo, affinché ci perdoni i nostri peccati.

Introduzione alla santa fede

Ti esaltiamo, o Madre della vera Luce, ti glorifichiamo, o santa e Masnùti, poiché tu hai generato per noi il Salvatore del mondo intero. Egli è venuto e ha salvato le nostre anime. Gloria a te, o nostro Sovrano, nostro Re, Cristo, vanto degli Apostoli, corona dei martiri, esultanza dei giusti, fondamento delle chiese, perdono dei peccati. Noi predichiamo la Santa Trinità in un'unica divinità. La adoriamo e la glorifichiamo. Signore, pietà. Signore, pietà. Signore, benedici. Amen.

Preghiera del mattino

La fede ortodossa

In verità, crediamo in un solo Dio, il Padre, il Pantocratore, che ha creato il cielo e la terra, le cose visibili e quelle invisibili. Crediamo in un solo Signore, Gesù Cristo, il Figlio di Dio, l'Unigenito, nato dal Padre prima di tutti i secoli. Luce da Luce, Dio vero da Dio vero, generato, non creato, consustanziale al Padre. Per mezzo di lui ogni cosa è venuta all'esistenza, lui che per noi uomini e per la nostra salvezza è disceso dal cielo, si è incarnato dallo Spirito Santo e da Maria Vergine, ed è diventato uomo. È stato crocifisso per noi in presenza di Ponzio Pilato, ha patito ed è stato sepolto, ed è risorto dai morti il terzo giorno secondo le Scritture. È salito ai cieli, si è seduto alla destra del Padre suo, e di nuovo viene nella sua gloria per giudicare i vivi e i morti, lui il cui regno è senza fine. Sì, crediamo nello Spirito Santo, il Signore vivificante, che procede dal Padre. Egli è adorato e glorificato con il Padre e il Figlio, lui che ha parlato nei profeti. In una Chiesa una, santa, cattolica, apostolica. Confessiamo un solo battesimo per il perdono dei peccati. Teniamo fisso lo sguardo sulla resurrezione dei morti e sulla vita del mondo venturo. Amen.

[O Dio ascoltaci, abbi pietà di noi
e perdonaci i nostri peccati, amen.]

Si recita Kýrie eléison *41 volte.*

Santo, Santo, Santo

Santo, Santo, Santo, il Signore Sabaoth. Il cielo e la terra sono pieni della tua gloria e del tuo onore. Abbi pietà di noi, o Dio, Padre e Pantocratore. Santissima Trinità, abbi pietà di noi. Signore, Dio delle potenze, sii con noi, poiché nelle nostre avversità e nelle nostre angosce non abbiamo per noi altro aiuto che te. Assolvi, rimetti e perdonaci, o Dio, le nostre cadute, quelle che abbiamo commesso volontariamente e quelle che abbiamo commesso involontariamente, quelle che abbiamo commesso consapevolmente e quelle che abbiamo commesso inconsapevolmente, quelle nascoste e quelle manifeste. Signore, rimettile a noi a motivo del tuo santo nome che è stato invocato su di noi, secondo la tua misericordia, o Signore, e non secondo i nostri peccati.

Padre nostro (p. 12)

Assoluzione

Signore, Dio delle potenze, che sei prima dei secoli e che rimani in eterno, che hai creato il sole per illuminare il giorno e la notte per il riposo di ogni carne; ti rendiamo grazie, o Re dei secoli, di averci fatto trascorrere questa notte in pace e di averci portato all'inizio del giorno. Per questo, ti supplichiamo, o Sovrano nostro, Re dei secoli, fa' sorgere per noi la luce della tua verità e illuminaci con la luce della tua divina conoscenza. Rendici figli della Luce, figli del giorno, affinché possiamo trascorrere questo giorno in purezza, in verità e con un buon ordine[25], e portare a termine il resto della nostra vita senza ostacoli. Per la grazia, le misericordie e l'amore per gli uomini del tuo Figlio unigenito, Gesù Cristo, e per la grazia del tuo Spirito Santo, ora e sempre, e nei secoli dei secoli. Amen.

Altra assoluzione

Tu che invii la luce ed essa va, tu che fai sorgere il tuo sole sui giusti e sugli ingiusti, tu che hai creato la luce che illumina il mondo, illumina i nostri cuori, Sovrano di tutti, e concedici, in questo giorno che è giunto, di esserti graditi. Proteggici da ogni cosa malvagia, da ogni peccato, da ogni potenza avversa, per Cristo Gesù, nostro Signore, con il quale sei benedetto con lo

Spirito Santo vivificante, consustanziale a te, ora e sempre, e nei secoli dei secoli. Amen.

Orazione conclusiva per ogni ora

Abbi pietà di noi, o Dio. Tu che sei adorato e glorificato in ogni tempo e in ogni ora, in cielo e sulla terra, o Cristo, nostro buon Dio, tu che sei longanime, che hai grande misericordia e grande compassione, che ami i giusti e fai misericordia ai peccatori, che chiami ognuno alla salvezza in vista della festa[26] dei beni attesi, tu, Signore, accogli in quest'ora le nostre suppliche, rendi retta la nostra vita, affinché realizziamo i tuoi comandamenti. Santifica i nostri spiriti, purifica i nostri corpi, rendi retti i nostri pensieri, purifica le nostre coscienze, e salvaci da ogni pena cattiva e angoscia. Circondaci con i tuoi santi angeli affinché, con le loro schiere[27], ci proteggano e ci guidino, e noi possiamo raggiungere l'unità della fede[28] e la conoscenza della tua intangibile[29] gloria, perché tu sei benedetto in eterno. Amen.

Ⲡⲓϣⲗⲏⲗ ⲛ̀ⲧⲁϫⲡ ϣⲟⲙⲧ̀
PREGHIERA DELL'ORA TERZA

Inizio di ogni ora

Ϧⲉⲛ Ⲫ̇ⲣⲁⲛ ⲙ̇Ⲫⲓⲱⲧ ⲛⲉⲙ Ⲡϣⲏⲣⲓ ⲛⲉⲙ Ⲡⲓⲡ̅ⲛ̅ⲁ̅ ⲉⲑ︦ⲩ̅, ⲟⲩⲚⲟⲩϯ ⲛ̀ⲟⲩⲱⲧ. Ⲁⲙⲏⲛ.	Nel nome del Padre, del Figlio, dello Spirito Santo, unico Dio. Amen.
Κύριε ἐλέησον, Κύριε ἐλέησον, Κύριε εὐλόγησον. Ἀμήν.	Signore pietà, Signore pietà, Signore benedici, Amen.
Δόξα Πατρὶ καὶ Υἱῷ καὶ Ἁγίῳ Πνεύματι. Καὶ νῦν καὶ ἀεὶ καὶ εἰς τοὺς αἰῶνας τῶν αἰώνων. Ἀμήν.	Gloria al Padre e al Figlio e allo Spirito Santo. E ora e sempre, e nei secoli dei secoli. Amen.

Padre nostro (p. 12)

Preghiera di ringraziamento (p. 13)

Salmo 50 (p. 13)

Preghiera dell'ora terza

[Ⲡ̄ⲥ̄ Ⲡ̄ⲥ̄ ⲛⲁⲓ ⲛⲁⲛ. | Signore, Signore, abbi pietà di noi.]

L'inno dell'ora terza del giorno benedetto. Lo offrirò a Cristo, mio re e mio Dio. Io spererò in lui affinché mi rimetta i miei peccati. Dai salmi del nostro maestro, il profeta Davide. Che la sua benedizione sia su tutti noi, amen.

Salmo 19

²Il Signore ti ascolterà nel giorno della tua avversità,
ti difenderà il nome del Dio di Giacobbe.
³Ti invierà un aiuto dal Santo, ti accoglierà da Sion.
⁴Si ricorderà di tutti i tuoi sacrifici,
e i tuoi olocausti sono a lui graditi[30].
⁵Il Signore ti darà secondo il tuo cuore,
e porterà a compimento per te tutto il tuo disegno.
⁶Noi ti confesseremo, Signore, per la tua salvezza,
e nel nome del nostro Dio saremo grandi.
Il Signore realizzerà tutte le tue richieste.
⁷Ora ho saputo che il Signore ha salvato il suo Cristo:
lo ascolterà dal suo santo cielo.
La salvezza della sua destra è fatta di opere potenti.
⁸Questi con carri e questi con cavalli,
ma noi saremo grandi nel nome del Signore nostro Dio.
⁹Essi sono stati incatenati e sono caduti,
ma noi siamo risorti e stiamo in piedi.
¹⁰Signore, salva il tuo re,
e ascoltaci nel giorno in cui gridiamo a te. *Alleluia.*

Salmo 22

¹Il Signore è colui che mi pascerà,

non mi farà mancare nulla.
²Mi ha fatto dimorare in luogo verdeggiante,
mi ha nutrito su acqua che ristora.
³Ha fatto ritornare la mia anima.
Mi ha guidato sulle vie della verità, a motivo del suo nome.
⁴Anche se camminassi nel mezzo dell'ombra di morte,
non temerò alcun male, perché tu sei con me.
Il tuo bastone e il tuo vincastro mi hanno consolato.
⁵Hai preparato una tavola davanti a me,
di fronte ai miei oppressori.
Hai unto d'olio il mio capo
e la tua coppa è inebriante, come una potenza.
⁶La tua misericordia mi seguirà tutti i giorni della mia vita,
e il mio dimorare nella casa del Signore è per giorni lunghissimi. *Alleluia.*

Salmo 23

¹La terra appartiene al Signore e tutto ciò che essa contiene;
il mondo e tutti quelli che lo abitano.
²Egli l'ha fondato sui mari e sui fiumi l'ha preparato.
³Chi potrà salire sul monte del Signore?
O chi potrà stare in piedi nel suo luogo santo?
⁴Colui che ha mani sante e cuore puro,
che non ha ricevuto invano la sua anima
e non ha giurato con l'inganno al suo prossimo.
⁵Costui riceverà benedizione dal Signore
e compassione da Dio, suo salvatore.
⁶Questa è la generazione di coloro che cercano il Signore,
che ricercano il volto del Dio di Giacobbe.
⁷Alzate le vostre porte, o prìncipi,

sollevatevi, porte eterne, ed entrerà il Re della gloria.
⁸Chi è questo re della gloria?
Il Signore forte e potente, il Signore potente nelle battaglie.
⁹Alzate le vostre porte, o prìncipi,
sollevatevi, porte eterne, ed entrerà il Re della gloria.
¹⁰Chi è questo re della gloria?
Il Signore delle potenze, è lui il Re della gloria. *Alleluia.*

Salmo 25

¹Giudicami, Signore,
perché ho camminato nella mia innocenza[31].
Ho sperato nel Signore,
non mi ammalerò.
²Saggiami, Signore, e mettimi alla prova,
passa al fuoco il mio cuore e i miei reni.
³Poiché la tua misericordia è davanti ai miei occhi
e ti ho compiaciuto nella tua verità.
⁴Non mi sono seduto in un tribunale iniquo[32]
e non vi entrerò assieme ai trasgressori.
⁵Ho odiato l'assemblea dei malvagi
e non siederò con gli empi.
⁶Laverò la mia mano nelle cose pure
e girerò attorno al tuo altare, Signore,
⁷per ascoltare la voce che ti benedice,
e racconterò tutte le tue meraviglie.
⁸Signore, ho amato la bellezza della tua casa
e il luogo dove abita la tua gloria.
⁹Non distruggere la mia anima con quella degli empi
e la mia vita con uomini sanguinari,

¹⁰nelle cui mani vi è iniquità
e la cui destra è stata colmata di regalìe.
¹¹Ma io ho camminato nella mia innocenza:
salvami e abbi pietà di me.
¹²Il mio piede infatti è rimasto saldo nella rettitudine.
Ti benedirò, Signore, nelle assemblee. *Alleluia*.

Salmo 28

¹Offrite al Signore, figli di Dio,
offrite al Signore figli di arieti,
offrite al Signore gloria e onore,
²offrite al Signore gloria per il suo nome,
prostratevi al Signore nel suo santo cortile.
³La voce del Signore sulle acque,
il Dio della gloria ha tuonato,
il Signore su acque abbondanti.
⁴La voce del Signore con potenza,
la voce del Signore con grande bellezza.
⁵La voce del Signore distruggerà cedri.
Il Signore schianterà i cedri del Libano,
⁶e li renderà snelli come il vitello del Libano,
e renderà l'amato come figlio di unicorni[33].
⁷La voce del Signore fenderà fiamme di fuoco,
⁸la voce del Signore scuoterà il deserto.
Il Signore smuoverà il deserto di Kades.
⁹La voce del Signore preparerà cervi e denuderà foreste.
Ognuno dice "gloria" nel suo tempio santo.
¹⁰Il Signore è nel diluvio,
il Signore siederà come re in eterno.

¹¹Il Signore darà forza al suo popolo,
il Signore benedirà il suo popolo nella pace. *Alleluia*.

Salmo 29

²Ti esalterò, Signore,
perché mi hai accolto
e non hai fatto gioire i miei nemici su di me.
³Signore mio Dio, ho gridato a te, e mi hai guarito.
⁴Signore, hai fatto risalire la mia anima dall'Amènti,
mi hai salvato dalle mani di coloro che scendono nella fossa.
⁵Cantate al Signore, voi tutti suoi santi,
e celebrate la memoria della sua santità.
⁶Poiché c'è collera nella sua ira e vita nella sua volontà.
Di sera ci sarà pianto e di mattina esultanza.
⁷Io ho detto nella mia prosperità:
"Non sarò scosso in eterno".
⁸Signore, per la tua volontà,
hai dato forza alla mia bellezza.
Hai distolto il tuo volto da me,
e io sono rimasto turbato.
⁹Griderò a te, Signore, e chiederò al mio Dio:
¹⁰"A che serve il mio sangue[34], se discendo nella corruzione?
Ti confesserà forse la polvere o proclamerà la tua verità?".
¹¹Il Signore ha ascoltato e ha avuto pietà di me.
Il Signore è diventato per me un aiuto.
¹²Hai trasformato per me il mio lutto in una gioia.
Hai strappato il mio [abito di] sacco e mi hai cinto di allegria,
¹³perché la mia gloria possa inneggiare a te
e io non sia sopraffatto dal dolore.

Preghiera dell'ora terza

Signore mio Dio, ti confesserò in eterno. *Alleluia.*

Salmo 33

²Benedirò il Signore in ogni momento,
in ogni momento la sua lode sarà nella mia bocca.
³La mia anima si glorierà nel Signore,
i miti ascoltino e gioiscano.
⁴Magnificate con me il Signore
ed esaltiamo insieme il suo nome.
⁵Ho cercato il Signore,
mi ha ascoltato e mi ha salvato da tutti i miei esìli[35].
⁶Venite a lui e sarete illuminati,
e non saranno svergognati i vostri volti.
⁷Questo è il povero che ha gridato,
e il Signore lo ha ascoltato
e lo ha salvato da tutte le sue avversità.
⁸L'angelo del Signore
si accampa attorno a tutti coloro che lo temono, e li salverà.
⁹Gustate e vedete che il Signore è dolcezza:
beato l'uomo che spera in lui.
¹⁰Temete il Signore, voi tutti suoi santi,
perché coloro che lo temono non mancano di nulla.
¹¹I ricchi si sono impoveriti e ridotti alla fame,
ma a coloro che cercano il Signore non mancherà alcun bene.
¹²Venite, figli miei, ascoltatemi,
vi insegnerò il timore del Signore.
¹³Chi è l'uomo che desidera vivere
e pensa di vedere giorni buoni?
¹⁴Distogli la tua lingua dal male

e le tue labbra non dicano falsità.
¹⁵Allontanati dal male e fa' il bene,
cerca la pace e perseguila.
¹⁶Poiché gli occhi del Signore sono sui giusti,
e i suoi orecchi sono tesi alla loro supplica.
¹⁷Ma il volto del Signore è contro coloro che operano il male,
per cancellare il loro ricordo dalla terra.
¹⁸I giusti hanno gridato,
e il Signore li ha ascoltati e li ha salvati da tutte le loro angosce.
¹⁹Vicino è il Signore a coloro che hanno il cuore spezzato,
e salverà gli umili in spirito.
²⁰Molte sono le avversità dei giusti,
ma il Signore li salva da tutte.
²¹Il Signore custodirà tutte le loro ossa,
neppure uno perirà.
²²La morte dei peccatori è orrenda,
e coloro che odiano il giusto ne proveranno rimorso[36].
²³Il Signore salverà le anime dei suoi servi,
e non si pentiranno tutti coloro che anelano a lui. *Alleluia.*

Salmo 40

²Beato colui che si prenderà cura[37] del povero e del misero:
nel giorno cattivo il Signore lo salverà.
³Il Signore lo custodirà, lo vivificherà,
lo renderà beato sulla terra
e non lo consegnerà nelle mani dei suoi nemici.
⁴Il Signore lo aiuterà sul letto del suo dolore.
Hai rivoltato tutto il suo giaciglio durante la sua malattia[38].
⁵Io ho detto: "Signore, abbi pietà di me.

Guarisci la mia anima,
perché ho peccato contro di te".
⁶I miei nemici mi hanno detto malvagità:
"Quando morirà e perirà il suo nome?".
⁷[Il mio nemico] entrava per vedere, diceva vanità.
Il suo cuore ha accumulato per sé iniquità.
Poi usciva e subito sparlava di me.
⁸Tutti i miei nemici hanno sussurrato contro di me,
hanno tramato malvagità contro di me.
⁹Una parola iniqua è ciò che hanno stabilito contro di me:
"Colui che dorme non risorgerà?".
¹⁰L'uomo della mia pace, infatti, in cui ho sperato,
colui che mangia il mio pane, ha alzato il suo calcagno contro di me.
¹¹Ma tu, Signore, abbi pietà di me e rialzami, e io li ripagherò.
¹²Da questo ho saputo che mi hai amato:
non gioirà contro di me il mio nemico.
¹³Quanto a me, per la mia innocenza,
mi hai accolto e mi hai stabilito davanti a te in eterno.
¹⁴Benedetto il Signore Dio di Israele,
da sempre e per sempre. Così è, così è. *Alleluia*.

Salmo 42

¹Giudica per me, Signore,
e vendica la mia causa contro gente non pura,
e da un uomo iniquo e falso mi salverai.
²Poiché tu sei il mio Dio, la mia forza.
Perché mi hai abbandonato?
E perché camminerò avvilito
mentre il mio nemico mi mette alle strette?

³Manda la tua luce e la tua verità
poiché sono esse ad avermi guidato
e portato sul tuo monte santo e dentro la tua dimora.
⁴Entrerò fino all'altare di Dio,
davanti al volto di Dio che ha dato gioia alla mia giovinezza.
Ti confesserò con la cetra, o Dio, Dio mio.
⁵Perché, anima mia, sei afflitta e perché mi turbi?
Spera in Dio, poiché lo confesserò.
Salvezza del mio volto è il mio Dio. *Alleluia.*

Salmo 44

²Il mio cuore ha effuso una buona parola.
Io dirò le mie opere al re:
la mia lingua è penna di scriba dallo stile elegante[32].
³Bellezza è nella sua giovinezza, più dei figli degli uomini.
La grazia si è riversata dalle tue labbra.
Perciò Dio ti ha benedetto in eterno.
⁴Légati la tua spada alla coscia, o forte,
con la tua giovinezza e con la tua bellezza.
⁵Tendi l'arco, rallegrati, regna a motivo della verità,
della mitezza e della giustizia: la tua destra ti guiderà mirabilmente.
⁶Le tue frecce appuntite, o forte
- popoli saranno sottomessi a te -
colpiranno al cuore i nemici del re.
⁷Il tuo trono, o Dio, per l'eternità dell'eternità,
e scettro di rettitudine è lo scettro del tuo regno.
⁸Poiché hai amato la verità e odiato l'iniquità.
Perciò Dio, il tuo Dio, ti ha unto con olio di esultanza,
più di coloro che ti sono a fianco.

⁹Di mirra, incenso aromatico⁴⁰ e cassia profumano le tue vesti
e le imponenti dimore eburnee in cui ti hanno allietato
¹⁰figlie di re in tuo onore.
In piedi alla tua destra sta la regina,
in abito intessuto d'oro, ammantata,
adorna in molti modi.
¹¹Ascolta, figlia mia, guarda, piega il tuo orecchio,
dimenticati del tuo popolo e della casa di tuo padre,
¹²poiché il re ha desiderato la tua bellezza,
poiché egli è il tuo signore.
¹³Si prostreranno a lui le figlie di Tiro con doni.
Supplicheranno il suo volto i ricchi del popolo della terra.
¹⁴Tutta la gloria è della figlia del re di Esebon⁴¹,
ammantata di frange intessute d'oro, adorna in molti modi.
¹⁵Entreranno dal re vergini dietro a lei.
Entreranno da lui anche tutte le sue sorelle.
¹⁶Saranno portate dentro con gioia ed esultanza,
saranno portate dentro il tempio del re.
¹⁷Al posto di padri, avrai figli:
li renderai capi su tutta la terra.
¹⁸E il tuo nome sarà ricordato generazione dopo generazione.
Perciò ti confesseranno i popoli, o Dio,
per l'eternità e per l'eternità dell'eternità. *Alleluia.*

Salmo 45

²Il nostro Dio è il nostro rifugio e la nostra forza,
il nostro aiuto nelle avversità che ci hanno colpito gravemente.
³Perciò non temeremo se la terra si scuote
e le montagne si spostano nel cuore dei mari.

⁴Le acque hanno strepitato e si sono scosse,
le montagne si sono scosse per la sua potenza.
⁵I corsi del fiume fanno rallegrare la città di Dio.
L'Altissimo ha santificato[42] la sua dimora.
⁶E Dio non si muoverà da di mezzo a essa.
Dio soccorrerà il suo volto.
⁷Nazioni si sono scosse e regni hanno vacillato.
 Ha emesso la sua voce e la terra si è mossa.
⁸Il Signore Dio delle potenze è con noi,
il Dio di Giacobbe è colui che ci accoglie.
⁹Venite e vedrete le opere del Signore,
le meraviglie che ha stabilito sulla terra.
¹⁰Colui che fa smettere le guerre fino alle estremità della terra
distruggerà i loro archi, romperà le loro armi
e anche i loro scudi li brucerà nel fuoco.
¹¹"State tranquilli[43]. Sappiate che io sono Dio:
sarò esaltato tra le nazioni e sarò esaltato sulla terra".
¹²Il Signore Dio delle potenze è con noi,
il Dio di Giacobbe è colui che ci accoglie. *Alleluia.*

Salmo 46

²Nazioni tutte, battete le mani,
gridate a Dio con voce di esultanza,
³poiché altissimo è Signore e temibile,
è un grande re su tutta la terra.
⁴Ha fatto sottomettere a noi popoli,
e genti sotto i nostri piedi.
⁵Ha scelto per noi la sua eredità,
la bellezza di Giacobbe che ha amato.

⁶Dio è asceso nel clamore, e il Signore al suono di tromba.
⁷Cantate al nostro Dio, cantate,
cantate al nostro re, cantate,
⁸poiché il Signore è il re di tutta la terra,
cantate con intelligenza.
⁹Poiché il Signore ha regnato su tutte le nazioni,
Dio siede sul suo trono santo.
¹⁰I sovrani di popoli si sono radunati con il Dio di Abramo,
poiché i potenti di Dio sono stati molto esaltati sulla terra. *Alleluia.*

[Δόξα σοι, ὁ Θεὸς ἡμῶν
Dal Vangelo secondo San Giovanni l'Evangelista.
Che la sua benedizione sia su tutti noi, amen.]

Vangelo secondo San Giovanni 14,26-15,4

Quando verrà il Paràclito, lo Spirito Santo che il Padre manderà nel mio nome, è lui che vi insegnerà ogni cosa e vi ricorderà ogni cosa che vi ho detto. Vi lascerò la mia pace, la mia pace io vi darò. Non come la dà il mondo, io la darò. Non sia turbato il vostro cuore e non abbia paura. Avete udito che vi ho detto: "Me ne andrò e verrò da voi". Se mi amaste, vi rallegrereste che io andrò dal Padre, perché il Padre è più grande di me. E ve l'ho detto ora, prima che avvenga, perché, quando avverrà, voi crediate. Non vi dirò molte parole, perché viene, infatti, il principe di questo mondo e non ha niente in me. Ma affinché il mondo sappia che io amo il Padre mio, e come il Padre mio mi ha comandato, così io faccio. Alzatevi, andiamo via di qui. Io sono la vite vera e il Padre mio è l'agricoltore. Ogni tralcio che è in me e che non porterà frutto, lo taglierà. E ogni tralcio che porterà frutto, lo purificherà perché porti più frutto. Voi siete già puri, a motivo della parola che vi ho detto. Dimorate in me, e anch'io in voi.

Gloria al nostro Dio.

Preghiera dell'ora terza

| ⲦⲈⲚⲞⲨⲰϢⲦ ⲘⲘⲞⲔ ⲱ Ⲡⲭ̅ⲥ̅ ⲚⲈⲘ ⲠⲈⲔⲒⲰⲦ ⲚⲀⲄⲀⲐⲞⲤ ⲚⲈⲘ ⲠⲒⲠ̅Ⲛ̅Ⲁ̅ ⲈⲐⲨ ϪⲈ ⲀⲔⲒ ⲀⲔⲤⲰϮ ⲘⲘⲞⲚ. ⲚⲀⲒ ⲚⲀⲚ. | Ti adoriamo o Cristo, insieme al tuo Padre buono, e allo Spirito Santo, perché sei venuto[44] e ci hai salvati. Abbi pietà di noi.] |

✠ Il tuo Spirito Santo, o Signore, che hai inviato sui tuoi santi discepoli e onorati apostoli all'ora terza, non toglierlo da noi, o Buono, ma rinnovalo nel nostro intimo. Un cuore puro creerai in me, o Dio, uno spirito retto rinnova nel mio intimo. Non rigettarmi lontano dal tuo volto, e il tuo Spirito Santo non toglierlo da me.

| Δόξα Πατρὶ καὶ Υἱῷ καὶ Ἁγίῳ Πνεύματι. | Gloria al Padre, e al Figlio, e allo Spirito Santo. |

✠ Signore, tu che hai inviato il tuo Spirito Santo sui tuoi santi discepoli e onorati apostoli all'ora terza, non toglierlo da noi, o Buono, ma ti chiediamo di rinnovarlo nel nostro intimo, o Signore Gesù Cristo, Figlio di Dio, Logos: Spirito retto e vivificante[45], Spirito profetico e santo, Spirito di santificazione e di giustizia, che è capace di guidarci e che ha potere su ogni cosa[46]. Poiché tu sei colui che illumina le nostre anime. O tu che illumini ogni uomo che viene al mondo, abbi pietà di noi.

| Καὶ νῦν καὶ ἀεὶ καὶ εἰς τοὺς αἰῶνας τῶν αἰώνων. Ἀμήν. | E ora e sempre, e nei secoli dei secoli. Amen. |

✠ O Masnùti, tu sei la vera vigna che ha portato il grappolo della vita. Supplichiamo te, o piena di grazia, insieme agli apostoli, per la salvezza delle nostre anime. Benedetto il Signore nostro Dio, benedetto il Signore ogni giorno. Il Dio della nostra salvezza ci prepara la nostra via.

| Καὶ νῦν καὶ ἀεὶ καὶ εἰς τοὺς αἰῶνας τῶν αἰώνων. Ἀμήν. | E ora e sempre, e nei secoli dei secoli. Amen. |

Preghiera dell'ora terza

✣ Re celeste e Paràclito, Spirito della verità, tu che sei in ogni luogo e ricolmi tutto il cosmo[47], scrigno dei beni e datore di vita, degnati, vieni e dimora in noi, e purificaci da ogni macchia, o Buono, e salverai le nostre anime.

| Δόξα Πατρὶ καὶ Υἱῷ καὶ Ἁγίῳ Πνεύματι. | Gloria al Padre, e al Figlio, e allo Spirito Santo. |

✣ Così come sei stato con i tuoi discepoli, o Salvatore, e hai dato loro la pace, vieni ancora, sarai con noi, [ci donerai la tua pace][48], e guarirai e salverai le nostre anime.

| Καὶ νῦν καὶ ἀεὶ καὶ εἰς τοὺς αἰῶνας τῶν αἰώνων. Ἀμήν. | E ora e sempre, e nei secoli dei secoli. Amen. |

✣ Quando stiamo nel tuo tempio santo, ci consideriamo come coloro che stanno in cielo. O Theotókos, tu sei la porta del cielo: aprici la porta della misericordia.

[O Dio ascoltaci, abbi pietà di noi
e perdonaci i nostri peccati, amen.]

Si recita Kýrie eléison 41 volte.

Santo, Santo, Santo (p. 37)

Padre nostro (p. 12)

✣✣✣

Assoluzione

Dio di ogni compassione e Signore di ogni consolazione, tu che ci hai consolato in ogni momento con la forza del tuo Spirito Santo; ti ringraziamo perché ci hai fatto stare in piedi per la preghiera in questa santa ora nella quale

Preghiera dell'ora terza

hai effuso riccamente la grazia del tuo Spirito Santo sui tuoi santi discepoli e onorati e beati apostoli, sotto forma di lingue di fuoco. Ti chiediamo e ti supplichiamo, o Mairòmi, accogli la nostra preghiera, e inviaci questa grazia del tuo Spirito Santo. E purificaci da ogni macchia del corpo e dello spirito, e portaci a una condizione spirituale tale da poter camminare nello Spirito e non soddisfare il desiderio della carne. E rendici degni di servirti in purezza e verità tutti i giorni della nostra vita, poiché a te spettano la gloria, l'onore e la potenza, insieme al tuo buon Padre e allo Spirito Santo, ora e sempre e nei secoli dei secoli. Amen.

Orazione conclusiva per ogni ora (p. 39)

PREGHIERA DELL'ORA SESTA

Inizio di ogni ora

Ϧⲉⲛ Ⲫⲣⲁⲛ ⲙⲪⲓⲱⲧ ⲛⲉⲙ Ⲡϣⲏⲣⲓ ⲛⲉⲙ Ⲡⲓⲡ̄ⲛ̄ⲁ̄ ⲉⲑ̄ⲩ̄, ⲟⲩⲚⲟⲩϯ ⲛ̀ⲟⲩⲱⲧ. Ⲁⲙⲏⲛ.	Nel nome del Padre, del Figlio, dello Spirito Santo, unico Dio. Amen.
Κύριε ἐλέησον, Κύριε ἐλέησον, Κύριε εὐλόγησον. Ἀμήν.	Signore pietà, Signore pietà, Signore benedici, Amen.
Δόξα Πατρὶ καὶ Υἱῷ καὶ Ἁγίῳ Πνεύματι. Καὶ νῦν καὶ ἀεὶ καὶ εἰς τοὺς αἰῶνας τῶν αἰώνων. Ἀμήν.	Gloria al Padre e al Figlio e allo Spirito Santo. E ora e sempre, e nei secoli dei secoli. Amen.

Padre nostro (p. 12)

Preghiera di ringraziamento (p. 13)

Salmo 50 (p. 13)

Preghiera dell'ora sesta

[Ⲡ̄ⲟ̄ⲥ̄ Ⲡ̄ⲟ̄ⲥ̄ ⲛⲁⲓ ⲛⲁⲛ. | Signore, Signore, abbi pietà di noi.]

L'inno dell'ora sesta del giorno benedetto. Lo offrirò a Cristo, mio re e mio Dio. Io spererò in lui affinché mi rimetta i miei peccati. Dai salmi del nostro maestro, il profeta Davide. Che la sua benedizione sia su tutti noi, amen.

Salmo 53

³Dio, salvami nel tuo nome e giudicami nella tua potenza.
⁴Dio, ascolta la mia preghiera,
sii attento alla parola della mia bocca.
⁵Poiché degli stranieri si sono levati contro di me,
e dei forti hanno cercato la mia anima.
Non hanno mai posto Dio di fronte a loro.
⁶Ma ecco Dio mi aiuterà.
Il Signore è colui che accoglie la mia anima.
⁷Ritorcerà i mali sui miei nemici.
Nella tua verità, eliminali.
⁸Sacrificherò con piacere a te,
confesserò il tuo nome, Signore, perché è buono.
⁹Poiché mi hai salvato da ogni avversità,
e il mio occhio ha visto la rovina dei miei nemici[49]. *Alleluia.*

Salmo 56

²Abbi misericordia di me, o Dio,
abbi misericordia di me,
poiché in te l'anima mia ha confidato.
Spererò all'ombra delle tue ali
fino a che non sia passata l'iniquità.
³Griderò a Dio, l'Altissimo,

Dio che mi ha fatto del bene.
⁴Ha mandato dal cielo e mi ha salvato,
e coloro che mi calpestano li ha messi alla gogna.
Dio ha mandato la sua misericordia e la sua verità,
⁵e ha salvato la mia anima di mezzo a dei leoncelli.
Mi sono coricato in preda all'agitazione:
i figli degli uomini hanno denti che sono armi e frecce,
e una lingua che è spada affilata.
⁶Sii esaltato sopra i cieli, o Dio,
e la tua gloria sia su tutta la terra.
⁷Hanno preparato trappole per i miei piedi,
e hanno piegato la mia anima.
Hanno scavato una fossa davanti a me e ci sono caduti dentro.
⁸Il mio cuore è pronto, o Dio, il mio cuore è pronto:
loderò e canterò nella mia gloria.
⁹Svegliati, gloria mia.
Svegliatevi, salterio e cetra.
Mi sveglierò all'aurora.
¹⁰Ti confesserò tra i popoli, Signore,
e canterò a te tra le nazioni,
¹¹poiché la tua misericordia è grande fin nell'alto dei cieli,
e la tua verità fin sopra le nuvole.
¹²Sii esaltato sopra i cieli, o Dio,
e la tua gloria sia su tutta la terra. *Alleluia.*

Salmo 60

²Ascolta, o Dio, la mia supplica,
sii attento alla mia preghiera.
³Dalle estremità della terra ho innalzato il mio grido verso di te,

mentre il mio cuore era in lutto.
Mi hai innalzato su una roccia, mi hai guidato,
⁴sei divenuto per me una speranza
e una torre potente di fronte a un nemico.
⁵Abiterò nella tua dimora in eterno,
mi rifugerò all'ombra delle tue ali[50].
⁶Tu, o Dio, hai ascoltato le mie preghiere,
hai dato un'eredità a coloro che temono il tuo nome.
⁷Al re aggiungerai giorni su giorni ai suoi anni,
fino ai giorni di generazioni e generazioni.
⁸E rimarrà in eterno davanti a Dio.
La sua misericordia e la sua verità: chi potrà cercarle?
⁹Così canterò al tuo nome per l'eternità dell'eternità,
per offrire le mie preghiere giorno dopo giorno. *Alleluia.*

Salmo 62

²Dio, Dio mio, all'alba verrò a te,
poiché di te ha avuto sete l'anima mia,
affinché la mia carne fiorisca per te in una terra deserta
e in un luogo impercorribile e senz'acqua.
³Così mi sono mostrato a te nel tuo santuario,
per vedere la tua potenza e la tua gloria.
⁴Poiché la tua misericordia è migliore di qualsiasi tipo di vita[51],
le mie labbra ti benediranno.
⁵Così ti benedirò nella mia vita,
leverò le mie mani nel tuo nome.
⁶Come con grasso e lardo si sazierà la mia anima.
Labbra di esultanza benediranno il tuo nome.
⁷Mi ricordavo di te sul mio giaciglio,

ero solito meditare su di te nelle ore mattutine.
⁸Poiché sei divenuto per me un aiuto,
ed esulterò all'ombra delle tue ali.
⁹La mia anima si è aggrappata a te,
ed io sono stato accolto dalla tua destra.
¹⁰Ma essi hanno perseguitato la mia anima:
entreranno nelle regioni sotterranee.
¹¹Saranno dati in mano alla spada,
saranno porzioni per volpi.
¹²Il re, invece, si rallegrerà in Dio.
Tutti quelli che giureranno per lui si glorieranno,
perché sarà chiusa la bocca di coloro che parlano con iniquità. *Alleluia.*

Salmo 66

²Dio avrà compassione di noi e ci benedirà.
Mostrerà il suo volto su di noi e avrà pietà di noi.
³Per far conoscere la tua via sulla terra
e la tua salvezza tra tutte le nazioni.
⁴Ti confessino popoli, o Dio,
ti confessino i popoli tutti.
⁵Gioiscano ed esultino le nazioni,
poiché giudicherai popoli con rettitudine,
e guiderai nazioni sulla terra.
⁶Ti confessino popoli, o Dio,
ti confessino i popoli tutti.
⁷La terra ha dato il suo frutto,
ci benedirà Dio, il nostro Dio.
⁸Ci benedirà Dio. Lo temano tutte le estremità della terra. *Alleluia.*

Preghiera dell'ora sesta

Salmo 69

²Dio, vieni in mio aiuto⁵²!
Affrettati, Signore, soccorrimi!
³Siano svergognati e confusi
coloro che cercano la mia anima.
Tornino indietro e siano svergognati
coloro che desiderano farmi del male.
⁴Tornino all'istante, svergognati,
coloro che mi dicono: "Ben ti sta!".
⁵Esultino e gioiscano in te tutti coloro che ti cercano,
e dicano in ogni momento coloro che amano la tua salvezza:
"Sia magnificato il Signore".
⁶Ma io sono povero e debole: o Dio, aiutami.
Tu sei il mio aiuto e il mio liberatore. Signore, non tardare! *Alleluia*.

Salmo 83

²Come sono amabili le tue dimore,
Signore, Dio delle potenze!
³La mia anima brama ardentemente
di entrare nei cortili del Signore.
Il mio cuore e la mia carne hanno esultato nel Dio vivente.
⁴Infatti anche un passero ha trovato per sé una casa
e una tortora un nido, dove deporre i suoi pulcini:
i tuoi altari, Signore Dio delle potenze, mio re e mio Dio.
⁵Beati tutti coloro che dimorano nella tua casa:
ti loderanno per l'eternità dell'eternità.
⁶Beato l'uomo il cui aiuto viene da te, Signore:
ha stabilito nel suo cuore salite
⁷nella valle del pianto, nel luogo che egli ha fissato.

Preghiera dell'ora sesta

Il Legislatore, infatti, darà benedizioni.
⁸Avanzeranno di potenza in potenza:
il Dio degli dèi si manifesterà in Sion.
⁹Signore, Dio delle potenze, ascolta la mia preghiera;
sii attento, o Dio di Giacobbe.
¹⁰Vedi, o Dio, o tu che ci sostieni,
e guarda il volto del tuo Cristo.
¹¹Poiché un solo giorno nei tuoi cortili
è meglio che migliaia [altrove].
Ho scelto per me di stare gettato a terra nella casa di Dio,
piuttosto che dimorare nelle tende dei peccatori.
¹²Poiché il Signore Dio ama misericordia e verità.
Grazia e gloria darà a coloro che camminano nell'innocenza.
Il Signore non farà mancare loro i beni.
¹³Signore, Dio delle potenze,
beato l'uomo che spera in te. *Alleluia.*

Salmo 84

²Signore, ti sei compiaciuto della tua terra,
hai fatto ritornare i prigionieri⁵³ di Giacobbe.
³Hai perdonato le iniquità del tuo popolo,
hai coperto tutti i loro peccati.
⁴Hai placato del tutto la tua ira,
hai rinunciato all'ira della tua collera.
⁵Facci tornare, Dio della nostra salvezza,
e distogli la tua collera da noi.
⁶Sarai forse adirato con noi in eterno
o estenderai la tua ira di generazione in generazione?
⁷Tu, o Dio, ritornerai, ci darai vita,

e il tuo popolo gioirà in te.
⁸Mostraci, Signore la tua misericordia,
e donaci la tua salvezza.
⁹Ascolterò che cosa dirà in me il Signore Dio,
perché dirà pace per il suo popolo,
per i suoi santi e per coloro che sono tornati a lui con tutto il cuore.
¹⁰Poiché infatti la sua salvezza è vicina
a tutti coloro che lo temono,
affinché nella nostra terra dimori la gloria.
¹¹Misericordia e verità si sono incontrate;
giustizia e pace si sono date la mano.
¹²La verità è sorta dalla terra,
la giustizia ha osservato dal cielo.
¹³Infatti il Signore darà bontà,
e la nostra terra darà il suo frutto.
¹⁴La giustizia lo precederà,
ed egli lascerà impresse le sue orme sulla via. *Alleluia.*

Salmo 85

¹Piega il tuo orecchio, Signore,
e ascoltami, perché io sono povero e debole.
²Custodisci la mia anima, perché sono puro.
Salva il tuo servo che spera in te, Dio mio.
³Abbi pietà di me, Signore,
perché a te ho innalzato il mio grido tutto il giorno.
⁴Dona gioia all'anima del tuo servo,
perché a te ho elevato l'anima mia, Signore.
⁵Poiché tu sei buono, Signore, tu sei mite,
e grande è la tua misericordia per tutti coloro che gridano a te.

Preghiera dell'ora sesta

⁶Porgi l'orecchio, Signore, alla mia preghiera,
e sii attento alla voce della mia supplica.
⁷Nel giorno della mia avversità
ho innalzato il mio grido verso di te,
perché tu mi hai ascoltato.
⁸Non c'è nessuno simile a te fra gli dèi, Signore,
e non c'è nessuno che sarà capace di compiere opere come le tue.
⁹Tutte le nazioni che hai creato verranno
e si prostreranno davanti a te, Signore,
e glorificheranno il tuo nome.
¹⁰Poiché tu sei grande, e operi meraviglie.
Tu solo, Dio, sei grande.
¹¹Guidami, Signore, sulla tua via
e camminerò nella tua verità.
Il mio cuore gioisca nel temere il tuo nome.
¹²Ti confesserò, Signore, mio Dio,
con tutto il mio cuore e glorificherò il tuo nome in eterno,
¹³poiché grande è la tua misericordia su di me,
e hai liberato la mia anima dall'Amènti sotterraneo.
¹⁴O Dio, trasgressori si sono levati contro di me,
e un'assemblea di forti ha cercato la mia anima.
Non ti hanno mai messo davanti a loro.
¹⁵Ma tu, Signore Dio,
tu sei compassionevole e misericordioso,
tu sei longanime, di grande misericordia, e veritiero.
¹⁶Guardami e abbi pietà di me.
Da' potenza al tuo servo e salva il figlio della tua serva.
¹⁷Fa' con me un segno per il bene:
vedano coloro che mi odiano e siano svergognati,

perché tu, Signore, mi hai aiutato e mi hai consolato. *Alleluia.*

Salmo 86

¹Le sue fondamenta sono nelle sante montagne.
²Il Signore ama le porte di Sion
più di tutte le dimore di Giacobbe.
³Di te sono state dette cose eccellenti, o città di Dio.
⁴Ricorderò Raab e Babilonia che mi conoscono.
Ed ecco gli stranieri, Tiro e il popolo degli Etiopi:
costoro sono stati là.
⁵Madre Sion dirà che un uomo e un uomo è sorto in lei[54],
ed è l'Altissimo stesso che l'ha fondata per sempre.
⁶Il Signore dirà in registri di popoli e di prìncipi:
"Costoro sono sorti in lei".
⁷Certamente sarai dimora per tutti coloro che gioiscono in te. *Alleluia.*

Salmo 90

¹Colui che dimora nel soccorso dell'Altissimo,
riposerà all'ombra del Dio del cielo.
²Dirà al Signore: "Tu sei colui che mi accoglie,
il mio rifugio, il mio Dio". Spererò in lui.
³Poiché egli mi salverà dalla trappola del cacciatore
e dalla parola che mette agitazione.
⁴Ti farà ombra in mezzo alle sue spalle,
e spererai sotto le sue ali.
La sua verità ti circonderà come un'armatura.
⁵Non avrai da temere la notte[55],
né freccia che vola di giorno,
⁶né cosa che cammina nella tenebra,

né caduta, né demonio meridiano.
⁷Migliaia cadranno alla tua sinistra
e miriadi alla tua destra,
ma a te non si avvicineranno.
⁸Anzi, osserverai con i tuoi occhi
e vedrai la ricompensa dei peccatori.
⁹"Perché tu, Signore, sei la mia speranza".
Hai fatto dell'Altissimo il rifugio per te.
¹⁰I mali non verranno su di te
e il flagello non si avvicinerà alla tua dimora.
¹¹Poiché comanderà ai suoi angeli riguardo a te,
di custodirti in tutte le tue vie.
¹²Ti porteranno sulle loro mani,
perché il tuo piede non inciampi in un sasso.
¹³Calpesterai serpente e basilisco, schiaccerai leone e dragone.
¹⁴"Poiché ha sperato in me, lo salverò.
Lo coprirò, perché ha conosciuto il mio nome.
¹⁵Mi invocherà e lo ascolterò.
Con lui sono nell'avversità:
lo salverò e gli darò gloria.
¹⁶Lo sazierò di longevità
e gli racconterò la mia salvezza". *Alleluia.*

Salmo 92

¹Il Signore ha regnato, si è rivestito di bellezza.
Il Signore si è rivestito di forza, e se n'è cinto.
Ha infatti reso stabile il mondo, che non sarà scosso.
²Il tuo trono è stabile dall'inizio: dall'eternità tu sei.
³Fiumi si sono sollevati, Signore,

fiumi hanno alzato la loro voce.
⁴Fiumi alzeranno la loro voce.
Per il suono di molte acque, meraviglie sono i marosi.
Meraviglioso il Signore nelle altezze.
⁵Le sue testimonianze sono grandemente affidabili.
Alla tua casa si addice la purezza, Signore, per lunghi giorni. *Alleluia.*

[Δόξα σοι, ὁ Θεὸς ἡμῶν
Dal Vangelo secondo San Matteo l'Evangelista.
Che la sua benedizione sia su tutti noi, amen.]

Vangelo secondo San Matteo 5,1-16

Quando vide le folle, salì sul monte e, quando si sedette, vennero da lui i suoi discepoli. E, aprendo la bocca, insegnava loro dicendo: "Beati i poveri nello spirito, perché di essi è il Regno dei cieli. Beati quelli che ora sono in lutto, perché saranno incoraggiati. Beati i miti, perché erediteranno la terra. Beati coloro che hanno fame e sete della verità, perché si sazieranno. Beati i misericordiosi, perché a loro verrà fatta misericordia. Beati i puri di cuore, perché vedranno Dio. Beati i pacificatori, perché saranno chiamati i figli di Dio. Beati i perseguitati per la verità, perché di essi è il Regno dei cieli. Beati voi quando vi perseguiteranno e vi disprezzeranno e diranno ogni sorta di male contro di voi, dicendo falsità su di voi per causa mia. Rallegratevi ed esultate, perché grande è la vostra ricompensa nei cieli. Così infatti hanno perseguitato i profeti che erano prima di voi. Voi siete il sale della terra, ma se il sale diventa insipido, con che cosa lo si renderà salato? A null'altro serve che ad essere gettato via e calpestato dagli uomini. Voi siete la luce del mondo: non può essere nascosta una città posta sopra un monte, né si accende una lampada per metterla sotto il moggio, ma viene messa sul

Preghiera dell'ora sesta

candelabro, e illumina tutti coloro che sono nella casa. Così la vostra luce illumini davanti agli uomini, affinché vedano le vostre opere buone e rendano gloria al Padre vostro che è nei cieli.

Gloria al nostro Dio.

[Ⲧⲉⲛⲟⲩⲱϣⲧ ⲙ̅ⲙⲟⲕ ⲱ Ⲡⲭ̅ⲥ̅ ⲛⲉⲙ Ⲡⲉⲕⲓⲱⲧ ⲛ̀ⲁⲅⲁⲑⲟⲥ ⲛⲉⲙ Ⲡⲓⲡ̅ⲛ̅ⲁ̅ ⲉ̅ⲑ̅ⲩ̅ ϫⲉ ⲁⲕⲓ ⲁⲕⲥⲱϯ ⲙ̀ⲙⲟⲛ. Ⲛⲁⲓⲛⲁⲛ.	Ti adoriamo o Cristo, insieme al tuo Padre buono, e allo Spirito Santo, perché sei venuto[56] e ci hai salvati. Abbi pietà di noi.]

✠ O tu che il sesto giorno, all'ora sesta, sei stato inchiodato sulla Croce a causa del peccato che Adamo ha avuto l'ardire di commettere nel Paradiso, strappa il documento scritto dei nostri peccati, o Cristo nostro Dio, e salvaci. Io ho gridato a Dio e il Signore mi ha ascoltato. O Dio, ascolta la mia preghiera e non disdegnare la mia supplica. Presta attenzione a me e ascoltami. Di sera, di mattino e a mezzogiorno dirò le mie parole. Ed egli ascolterà la mia voce e salverà la mia anima in pace.

Δόξα Πατρὶ καὶ Υἱῷ καὶ Ἁγίῳ Πνεύματι.	Gloria al Padre, e al Figlio, e allo Spirito Santo.

✠ Gesù Cristo, nostro Dio, tu che sei stato inchiodato sulla Croce all'ora sesta, per mezzo del Legno hai ucciso il peccato e, mediante la tua morte, hai vivificato colui che era morto, cioè l'uomo che hai creato con le tue mani, e che era morto a causa del peccato. Uccidi le nostre passioni per mezzo della tua Passione salvifica e vivificante e, con i chiodi con cui sei stato inchiodato, guarisci la nostra mente spirituale dal danno causato dalle opere materiali e dai desideri mondani, mediante il ricordo dei tuoi giudizi celesti, secondo le tue compassioni.

| Καὶ νῦν καὶ ἀεὶ καὶ εἰς τοὺς αἰῶνας τῶν αἰώνων. Ἀμήν. | E ora e sempre, e nei secoli dei secoli. Amen. |

✣ Poiché a causa della moltitudine dei nostri peccati non abbiamo alcuna opportunità, a motivo di te, o Vergine Theotókos, possiamo rivolgerci con fiducia a colui che hai generato, poiché numerose sono le tue intercessioni, potenti e accette presso il nostro Salvatore, o Madre pura. Non rifiutare ai peccatori la tua intercessione presso colui che hai generato, poiché è compassionevole e capace di salvarci: infatti, per salvarci, ha sofferto per noi. Ci raggiungano prontamente le tue compassioni poiché siamo poverissimi. Aiutaci, o Dio, nostro Salvatore, a motivo della gloria del tuo nome. Signore, tu ci salverai e ci perdonerai i nostri peccati, a motivo del tuo santo nome.

| Καὶ νῦν καὶ ἀεὶ καὶ εἰς τοὺς αἰῶνας τῶν αἰώνων. Ἀμήν. | E ora e sempre, e nei secoli dei secoli. Amen. |

✣ Hai operato una salvezza nel mezzo della terra, o Cristo, nostro Dio, quando hai steso le tue mani sante sulla Croce. Per questo tutte le nazioni gridano: "Gloria a te, Signore".

| Δόξα Πατρὶ καὶ Υἱῷ καὶ Ἁγίῳ Πνεύματι. | Gloria al Padre, e al Figlio, e allo Spirito Santo. |

✣ Adoriamo la tua forma[57] incorruttibile, o Buono, supplicando il perdono dei nostri peccati, o Cristo, nostro Dio. Poiché davvero nel tuo amore ti sei compiaciuto di salire sulla Croce per salvare coloro che hai creato dalla schiavitù del nemico. A te gridiamo, e ti ringraziamo, perché hai colmato tutto il cosmo[58] di gioia, o Salvatore nostro, quando sei venuto ad aiutare il mondo. Signore, gloria a te!

| Καὶ νῦν καὶ ἀεὶ καὶ εἰς τοὺς αἰῶνας τῶν αἰώνων. Ἀμήν. | E ora e sempre, e nei secoli dei secoli. Amen. |

Preghiera dell'ora sesta

✢ Tu sei la piena di grazia, o Vergine Theotókos. Ti lodiamo poiché, per mezzo della Croce di tuo Figlio, l'Amènti è crollato e la morte è stata annientata. Eravamo morti ma siamo risorti, siamo stati resi degni della vita eterna e abbiamo riottenuto la gioia del Paradiso primordiale. Perciò lo glorifichiamo con gratitudine, lui che è potente, Cristo, nostro Dio.

*[O Dio ascoltaci, abbi pietà di noi
e perdonaci i nostri peccati, amen.]*

Si recita Kýrie eléison 41 volte.

Santo, Santo, Santo (p. 37)

Padre nostro (p. 12)

Assoluzione

Ti ringraziamo, Sovrano nostro, Pantocratore, Padre del nostro Signore, nostro Dio e nostro Salvatore, Gesù Cristo, e ti glorifichiamo perché hai stabilito le ore della Passione del tuo Figlio unigenito come momenti di preghiera e di supplica. Accogli le nostre invocazioni e cancella per noi il documento dei nostri peccati, scritto contro di noi, così come l'hai strappato in questa santa ora per mezzo della Croce del tuo Figlio unigenito, Gesù Cristo, nostro Signore e Salvatore delle nostre anime, per mezzo del quale hai annientato tutta la forza del nemico. E donaci un tempo luminoso, una vita immacolata e tranquilla, per compiacere il tuo nome santo e adorato, così che possiamo comparire davanti al terribile e giusto tribunale del tuo Unigenito Figlio, Gesù Cristo, nostro Signore, senza essere condannati. Ti glorifichiamo, insieme a tutti i tuoi santi, o Padre eterno, con il Figlio

Preghiera dell'ora sesta

consustanziale a te e lo Spirito Santo vivificante, ora e sempre e nei secoli dei secoli. Amen.

Orazione conclusiva per ogni ora (p. 39)

PREGHIERA DELL'ORA NONA

Inizio di ogni ora

Ϧⲉⲛ Ⲫⲣⲁⲛ ⲙ̀Ⲫⲓⲱⲧ ⲛⲉⲙ Ⲡϣⲏⲣⲓ ⲛⲉⲙ Ⲡⲓⲡ̅ⲛ̅ⲁ̅ ⲉ̅ⲑ̅ⲩ̅, ⲟⲩⲚⲟⲩϯ ⲛ̀ⲟⲩⲱⲧ. Ⲁⲙⲏⲛ.	Nel nome del Padre, del Figlio, dello Spirito Santo, unico Dio. Amen.
Κύριε ἐλέησον, Κύριε ἐλέησον, Κύριε εὐλόγησον. Ἀμήν.	Signore pietà, Signore pietà, Signore benedici, Amen.
Δόξα Πατρὶ καὶ Υἱῷ καὶ Ἁγίῳ Πνεύματι. Καὶ νῦν καὶ ἀεὶ καὶ εἰς τοὺς αἰῶνας τῶν αἰώνων. Ἀμήν.	Gloria al Padre e al Figlio e allo Spirito Santo. E ora e sempre, e nei secoli dei secoli. Amen.

Padre nostro (p. 12)

Preghiera di ringraziamento (p. 13)

Salmo 50 (p. 13)

Preghiera dell'ora nona

[Ⲡ︦ⲟ︦ⲥ︦ Ⲡ︦ⲟ︦ⲥ︦ ⲛⲁⲓ ⲛⲁⲛ. | Signore, Signore, abbi pietà di noi.]

L'inno dell'ora nona del giorno benedetto. Lo offrirò a Cristo, mio re e mio Dio. Io spererò in lui affinché mi rimetta i miei peccati. Dai salmi del nostro maestro, il profeta Davide. Che la sua benedizione sia su tutti noi, amen.

Salmo 95

¹Canta al Signore con un canto nuovo,
canta al Signore, terra tutta.
²Cantate al Signore, benedite il suo nome.
Annunciate la sua salvezza di giorno in giorno.
³Proclamate la sua gloria tra le nazioni,
le sue meraviglie tra tutti i popoli.
⁴Poiché grande è il Signore, e grandemente benedetto,
terribile sopra tutti gli dèi,
⁵poiché tutti gli dèi delle nazioni sono demòni.
Il Signore, invece, è lui ad aver creato i cieli.
⁶Rivelazione e bellezza stanno davanti a lui,
purezza e grande bellezza nel suo santuario.
⁷Offrite al Signore, famiglie tutte delle nazioni,
offrite al Signore gloria e onore.
⁸Offrite al Signore gloria al suo nome,
offrite sacrifici, entrate nei suoi cortili,
⁹prostratevi al Signore nel suo santo cortile.
Sia scossa davanti a lui tutta la terra.
¹⁰Dite fra le nazioni:
"Il Signore ha regnato da un Legno[52]".
Ha infatti eretto il mondo che non sarà scosso.
Giudicherà popoli con rettitudine.

¹¹Si rallegrino i cieli ed esulti la terra,
sia scosso il mare e tutto ciò che contiene.
¹²Gioiranno i campi e tutti coloro che sono in essi.
Allora esulteranno tutti gli alberi del boschetto,
¹³davanti al volto del Signore,
perché viene, perché viene a giudicare la terra.
Giudicherà il mondo con giustizia e popoli nella sua verità. *Alleluia.*

Salmo 96

¹Il Signore ha regnato!
Esulti la terra, si rallegrino le isole numerose.
²Nube e oscurità lo circondano,
verità e giudizio sono sostegno del suo trono.
³Un fuoco lo precederà,
e con una fiamma brucerà i suoi nemici intorno a lui.
⁵I suoi lampi hanno illuminato il mondo,
la terra ha visto e si è scossa.
⁵Come cera le montagne si sono sciolte
davanti al Signore e davanti al Signore di tutta la terra.
⁶I cieli hanno proclamato la sua verità.
Tutti i popoli hanno visto la sua gloria.
⁷Saranno svergognati tutti gli adoratori di manufatti,
coloro che si vantano dei loro idoli.
Adoratelo, voi tutti suoi angeli.
⁸Sion ha ascoltato e si è rallegrata.
Le figlie di Giuda hanno esultato
a motivo dei tuoi giudizi, Signore.
⁹Poiché tu sei il Signore,
l'Altissimo su tutta la terra.

Sei stato grandemente esaltato, più di tutti gli dèi.
¹⁰Voi che amate il Signore, odiate il male,
poiché il Signore custodirà le anime dei suoi santi
e li salverà dalle mani dei peccatori.
¹¹Una luce è sorta per i giusti,
e gioia per i retti di cuore.
¹²Rallegratevi, voi giusti, nel Signore.
Confessate il ricordo della sua santità. *Alleluia.*

Salmo 97

¹Cantate al Signore con un canto nuovo,
poiché il Signore ha fatto opere che sono meraviglie.
La sua destra e il suo braccio santo
hanno vivificato per lui.
²Il Signore ha manifestato la sua salvezza davanti alle nazioni,
ha rivelato loro la sua verità.
³Ha ricordato la sua misericordia a Giacobbe
e la sua verità alla casa d'Israele.
Le estremità di tutta la terra
hanno visto la salvezza del nostro Dio.
⁴Acclama a Dio, terra tutta,
canta ed esulta, inneggia.
⁵Inneggia al Signore con la cetra,
con la cetra e con voce di salmo,
⁶con trombe squillanti e con suono di tromba di corno,
acclama davanti al re, il Signore.
⁷Sia scosso il mare e tutto ciò che contiene,
il mondo e tutti coloro che sono in esso.
⁸I fiumi batteranno insieme le mani

e le montagne esulteranno davanti al Signore,
⁹perché viene a giudicare la terra.
Giudicherà il mondo con giustizia e i popoli con rettitudine. *Alleluia.*

Salmo 98

¹Il Signore ha regnato, si adirino pure i popoli!
Colui che siede sui cherubini: sia scossa la terra!
²Grande è il Signore in Sion
ed esaltato sopra i popoli.
³Confessino il suo nome grande,
poiché è temibile e santo.
⁴L'onore del re ama il giudizio.
Tu hai preparato cose rette.
Giudizio e verità hai operato in Giacobbe.
⁵Esaltate il Signore nostro Dio,
prostratevi allo sgabello dei suoi piedi, perché è santo.
⁶Mosè e Aronne tra i suoi sacerdoti,
e Samuele tra coloro che supplicavano il suo nome:
supplicavano il Signore, ed egli li ascoltava.
⁷In una colonna di nube parlava loro,
poiché hanno custodito le sue testimonianze
e i comandi che ha dato loro.
⁸Signore Dio nostro, tu li ascoltavi.
O Dio, tu sei stato per loro perdonatore
e vendicatore di tutte le loro azioni.
⁹Esaltate il Signore nostro Dio,
prostratevi alla sua santa montagna,
perché santo è il Signore nostro Dio. *Alleluia.*

Preghiera dell'ora nona

Salmo 99

¹Acclama il Signore, terra tutta!
²Servite il Signore con gioia,
venite al suo cospetto con esultanza!
³Sappiate che il Signore è Dio:
è lui che ci ha creati, e non noi.
Noi siamo, infatti, il suo popolo
e le pecore del suo pascolo.
⁴Venite, entrate per le sue porte confessandolo,
e nei suoi cortili con lodi.
Confessatelo, benedite il suo nome.
⁵Poiché buono è il Signore,
la sua misericordia è in eterno
e la sua verità di generazione in generazione. *Alleluia*.

Salmo 100

¹A te, Signore, canterò misericordia e giudizio,
²inneggerò e comprenderò,
mentre percorro[60] una via immacolata, dicendo:
"Quando verrai a me?".
Camminavo nell'innocenza del mio cuore,
nel mezzo della mia casa.
³Non ho posto davanti ai miei occhi un'azione illecita.
Ho odiato coloro che compiono la trasgressione.
Un cuore perverso[61] non si è legato a me.
⁴Il malvagio devierà da me, ma io non lo sapevo.
⁵Colui che parla in segreto
alle spalle del suo prossimo, lo perseguitavo.
Con l'uomo dagli occhi altezzosi

e dal cuore insaziabile non mangio.
⁶I miei occhi su tutti i fedeli della terra,
per farli sedere in mia compagnia.
Colui che cammina su una via immacolata, questi mi serviva.
⁷Non ha dimora nel mezzo della mia casa
colui che agisce con arroganza.
Colui che dice cose violente
non regge davanti ai miei occhi.
⁸Nelle ore mattutine uccidevo tutti i peccatori della terra,
per cancellare dalla città del Signore
tutti coloro che praticano l'iniquità. *Alleluia.*

Salmo 109

¹Il Signore ha detto al mio Signore:
"Siedi alla mia destra, finché metterò i tuoi nemici sotto i tuoi piedi".
²Il Signore manderà da Sion per te uno scettro di forza,
e dominerai in mezzo ai tuoi nemici.
³Con te è l'autorità nel giorno della tua forza,
nella luce dei santi.
Dal ventre, prima della stella del mattino,
io ti ho generato.
⁴Il Signore ha giurato e non se ne pentirà:
"Tu sei sacerdote in eterno secondo l'ordine di Melkisedek".
⁵Il Signore alla tua destra ha schiacciato re
nel giorno della sua ira.
⁶Giudicherà tra le nazioni, li riempirà di caduti[62]
e schiaccerà la testa di molti sulla terra.
⁷Sulla via berrà acqua da un torrente:
per questo solleverà la testa. *Alleluia.*

Preghiera dell'ora nona

Salmo 110

¹Ti confesserò, Signore, con tutto il mio cuore,
nel consiglio dei retti e nella loro assemblea.
²Grandi sono le opere del Signore,
saggiate tutte le sue volontà.
³Rivelazione e grande bellezza è la sua opera,
e la sua verità è per l'eternità dell'eternità.
⁴Ha ricordato tutte le sue meraviglie:
misericordioso e compassionevole è il Signore.
⁵Ha dato cibo a coloro che lo temono,
si ricorderà della sua alleanza in eterno.
⁶Ha fatto conoscere al suo popolo la forza delle sue opere,
per dar loro l'eredità delle nazioni.
⁷Le opere delle sue mani sono verità e giudizio,
affidabili sono tutti i suoi comandamenti,
⁸saldi per l'eternità dell'eternità,
creati in verità e rettitudine.
⁹Ha mandato redenzione al suo popolo.
Ha comandato la sua alleanza in eterno:
santo è il suo nome e terribile.
¹⁰Principio della sapienza è il timore del Signore:
una buona comprensione avranno tutti coloro
che lo mettono in pratica.
E la sua lode è per l'eternità dell'eternità. *Alleluia.*

Salmo 111

¹Beato l'uomo che teme il Signore,
nei suoi comandamenti sarà grandemente a suo agio[63].
²Sarà forte sulla terra il suo seme,

la generazione dei retti sarà benedetta.
³Gloria e ricchezza saranno nella sua casa,
la sua verità sarà per l'eternità dell'eternità.
⁴Una luce è sorta nella tenebra per i retti.
Misericordioso, compassionevole e giusto è il Signore Dio.
⁵Buono è l'uomo che è misericordioso e dà in prestito:
amministrerà le sue parole con giudizio,
⁶poiché non sarà scosso in eterno.
Il giusto sarà in memoria eterna,
⁷e non temerà una voce maligna:
il suo cuore è pronto a sperare nel Signore.
⁸Saldo è il suo cuore, non sarà scosso,
fino a che possa guardare la rovina dei suoi nemici[64].
⁹Ha distribuito, ha dato ai poveri:
la sua verità è per l'eternità dell'eternità,
il suo corno sarà esaltato in gloria.
¹⁰Il peccatore vedrà e si adirerà,
digrignerà i suoi denti e si scioglierà.
Il desiderio del peccatore perirà. *Alleluia.*

Salmo 112

¹Lodate il Signore, giovani, lodate il nome del Signore.
²Sia benedetto il nome del Signore da ora e in eterno.
³Da Oriente a Occidente, lodate il nome del Signore.
⁴Il Signore è innalzato sopra tutte le nazioni,
la sua gloria è al di sopra dei cieli.
⁵Chi è come il Signore nostro Dio,
colui che dimora nelle altezze,
⁶e guarda dall'alto le bassezze, nel cielo e sulla terra?

⁷Egli ha sollevato da terra il povero,
innalzando il mendicante dal letamaio,
⁸per farlo sedere con i capi, con i capi del suo popolo.
⁹Egli fa abitare la sterile in una casa, madre gioiosa di figli. *Alleluia*.

Salmo 114

¹Ho amato il fatto che il Signore
ascolterà la voce della mia supplica⁶⁵,
²poiché ha piegato il suo orecchio verso di me,
e nei miei giorni l'ho supplicato.
³Poiché mi hanno afferrato le doglie della morte,
i pericoli dell'Amènti mi hanno trovato.
Avversità e angoscia è quanto ho trovato.
⁴Allora ho supplicato il nome del Signore:
"Signore, salva la mia anima!".
⁵Misericordioso è il Signore e giusto,
e il nostro Dio fa sempre misericordia.
⁶Il Signore è colui che custodisce i bambini piccoli:
mi sono umiliato, e mi ha salvato.
⁷Ritorna, anima mia, al luogo del tuo riposo,
poiché il Signore è stato buono con me,
⁸e ha salvato la mia anima dalla morte,
i miei occhi dalle lacrime e i miei piedi dallo scivolamento.
⁹Sarò gradito al Signore davanti a lui, nella terra dei viventi. *Alleluia*.

Salmo 115

¹Ho creduto, perciò ho parlato.
Mi sono molto umiliato.
²Io ho detto nel mio stupore: "Ogni uomo è bugiardo".

Preghiera dell'ora nona

³Che cosa darò in cambio al Signore
per tutte le cose che ha fatto per me?
⁴Prenderò il calice della salvezza⁶⁶
e supplicherò il nome del Signore.
⁵Offrirò le mie preghiere al Signore, davanti a tutto il popolo.
⁶Preziosa davanti al Signore è la morte dei suoi santi.
⁷Signore, io sono il tuo servo.
Io sono il tuo servo e il figlio della tua serva:
hai spezzato le mie catene.
⁸Ti offrirò un sacrificio di lode,
e supplicherò il nome del Signore.
⁹Offrirò le mie preghiere al Signore,
¹⁰nei cortili della casa del Signore,
davanti a tutto il popolo, in mezzo a Gerusalemme. *Alleluia.*

[Δόξα σοι, ὁ Θεὸς ἡμῶν
Dal Vangelo secondo San Luca l'Evangelista.
Che la sua benedizione sia su tutti noi, amen.]

Vangelo secondo San Luca 9,10-17

Quando tornarono, gli apostoli dissero a Gesù le cose che avevano fatto. Ed egli li prese con sé ed entrò in disparte da solo in una città chiamata Betsàida. Ma le folle, venute a saperlo, lo seguivano. Ed egli le accolse e parlava loro del Regno di Dio, e coloro che avevano bisogno di cure li guariva. Il giorno cominciava a declinare. I Dodici, venuti da lui, gli dissero: "Congeda le folle affinché vadano nei villaggi qui attorno e nei campi, per riposarsi e trovare ciò di cui mangiare, poiché qui siamo in un luogo deserto". Ma egli disse loro: "Date loro voi stessi da mangiare". Ed essi dissero: "Non abbiamo più di cinque pani e due pesci, a meno che non andiamo noi a comprare dei viveri per tutto questo popolo". C'erano infatti circa cinquemila uomini. Egli disse ai suoi discepoli: "Si adagino in diversi posti, cinquanta in ogni posto". Fecero così e li fecero adagiare tutti. Prendendo, quindi, i cinque pani e i due pesci, alzò lo sguardo al cielo, recitò su di essi la benedizione, li spezzò e li dava ai discepoli, affinché li mettessero a disposizione delle folle. Tutti mangiarono e si saziarono, e portarono via ciò che era loro avanzato: dodici ceste piene di pezzi.

Gloria al nostro Dio.

[Ⲧⲉⲛⲟⲩⲱϣⲧ ⲙⲙⲟⲕ ⲱ Ⲡⲭ̅ⲥ̅ ⲛⲉⲙ Ⲡⲉⲕⲓⲱⲧ ⲛ̀ⲁⲅⲁⲑⲟⲥ ⲛⲉⲙ Ⲡⲓⲡ̅ⲛ̅ⲁ̅ ⲉ̅ⲑ̅ⲩ̅ ϫⲉ ⲁⲕⲓ ⲁⲕⲥⲱϯ ⲙ̀ⲙⲟⲛ. Ⲛⲁⲓ ⲛⲁⲛ.

Ti adoriamo o Cristo, insieme al tuo Padre buono, e allo Spirito Santo, perché sei venuto[67] e ci hai salvati. Abbi pietà di noi.]

✠ Tu che hai gustato per noi la morte nella carne nel tempo dell'ora nona, mortifica i nostri pensieri carnali, o Cristo, nostro Dio, e salvaci. Si avvicini la mia supplica al tuo cospetto, Signore. Fammi comprendere secondo la tua parola. La mia richiesta giungerà al tuo cospetto. Secondo la tua parola, vivificami.

Δόξα Πατρὶ καὶ Υἱῷ καὶ Ἁγίῳ Πνεύματι.

Gloria al Padre, e al Figlio, e allo Spirito Santo.

✠ Tu che hai rimesso lo Spirito nelle mani del Padre quando sei stato crocifisso sulla Croce nel tempo dell'ora nona, e hai aperto al ladrone crocifisso con te la strada per il Paradiso, non dimenticarti di me, o Buono. Non avermi in orrore, ma purifica la mia anima, illumina la mia intelligenza, e rendimi partecipe delle grazie dei tuoi immortali misteri, cosicché, avendo gustato la tua benevolenza, possa offrirti una lode incessante, bramando la tua bellezza più di ogni altra cosa. O Cristo, nostro Dio, salvaci.

| Καὶ νῦν καὶ ἀεὶ καὶ εἰς τοὺς αἰῶνας τῶν αἰώνων. Ἀμήν. | E ora e sempre, e nei secoli dei secoli. Amen. |

✠ Tu che sei nato per noi dalla Vergine e hai sopportato la Croce, o Buono, hai ucciso la morte per mezzo della tua morte, e hai manifestato la resurrezione[68]. O Dio, non abbandonare coloro che hai creato con le tue mani. Mostra il tuo amore per gli uomini, o Buono, e accogli le suppliche di tua Madre in nostro favore. Salva, o nostro Salvatore, un popolo umiliato. Non abbandonarci fino alla fine, e non lasciarci per sempre. Non annullare la tua alleanza, non privarci della tua misericordia, a motivo di Abramo tuo amato, di Isacco tuo servo e di Israele tuo santo.

| Καὶ νῦν καὶ ἀεὶ καὶ εἰς τοὺς αἰῶνας τῶν αἰώνων. Ἀμήν. | E ora e sempre, e nei secoli dei secoli. Amen. |

✠ Quando il ladrone ha visto l'Autore della vita sulla Croce ha detto: "Se colui che è crocifisso con noi non fosse Dio incarnato, il sole non avrebbe nascosto i suoi raggi, né la terra si sarebbe scossa tremando. Ma tu che hai potere su ogni cosa e che sopporti ogni cosa, ricordati di me, Signore, quando verrai nel tuo Regno".

| Δόξα Πατρὶ καὶ Υἱῷ καὶ Ἁγίῳ Πνεύματι. | Gloria al Padre, e al Figlio, e allo Spirito Santo. |

✠ Tu che hai accolto la confessione del ladrone sulla Croce, accogli, o Buono, noi che siamo caduti sotto la sentenza di morte a motivo dei nostri peccati. Insieme a lui riconosciamo i nostri peccati e confessiamo la tua divinità, gridando a te insieme a lui: "Ricordati di noi, Signore, quando verrai nel tuo Regno".

| Καὶ νῦν καὶ ἀεὶ καὶ εἰς τοὺς αἰῶνας τῶν αἰώνων. Ἀμήν. | E ora e sempre, e nei secoli dei secoli. Amen. |

✢ Quando la Madre vide l'Agnello, il Pastore e il Salvatore del mondo sospeso alla Croce, disse piangendo: "Il mondo gioisce poiché ha ricevuto la salvezza. Le mie viscere, invece, ardono al vedere la tua crocifissione che hai sopportato per tutto il cosmo[69], Figlio mio e Dio mio".

[O Dio ascoltaci, abbi pietà di noi e perdonaci i nostri peccati, amen.]

Si recita Kýrie eléison *41 volte.*

Santo, Santo, Santo (p. 37)

Padre nostro (p. 12)

Assoluzione

O Dio, Padre del nostro Signore, Dio e Salvatore Gesù Cristo, che, mediante la sua manifestazione, ci hai salvati e guariti dalla schiavitù del nemico. Ti chiediamo, nel suo nome benedetto e grande, converti le nostre menti dalle preoccupazioni di questa vita e dai desideri mondani al ricordo dei tuoi giudizi celesti. Rendi perfetto in noi il tuo amore per gli uomini, o Buono, e la preghiera dell'ora nona sia gradita davanti a te in ogni momento. E donaci di camminare secondo ciò che è degno della vocazione a cui siamo stati chiamati, affinché, quando usciremo da questo corpo, possiamo essere annoverati con i veri adoratori della Passione[70] del tuo Figlio unigenito, Gesù Cristo, nostro Signore, e ottenere misericordia e perdono per i nostri peccati e salvezza, insieme al coro dei santi che ti hanno compiaciuto in verità da sempre e in eterno[71].

Preghiera dell'ora nona

[O Dio, rendi inefficace per noi tutta la potenza dell'avversario e dell'intero suo esercito malvagio, così come lo ha schiacciato il tuo Figlio unigenito con la sua Croce vivificante. Accoglici, mio Signore Gesù Cristo, come hai accolto il ladrone di destra mentre eri sospeso al legno della Croce. Illuminaci come hai illuminato coloro che erano nella tenebra degli inferi. E portaci tutti al Paradiso di delizia, poiché, Signore mio, tu sei un Dio benedetto, e a te spettano la gloria, l'onore, la potenza, il dominio e l'adorazione, insieme al tuo Padre buono e allo Spirito Santo, in eterno[72].] Amen.

Orazione conclusiva per ogni ora (p. 39)

PREGHIERA DEI VESPRI

Inizio di ogni ora

Ϧⲉⲛ Ⲫⲣⲁⲛ ⲙ̅Ⲫⲓⲱⲧ ⲛⲉⲙ Ⲡϣⲏⲣⲓ ⲛⲉⲙ Ⲡⲓⲡ̅ⲛ̅ⲁ̅ ⲉ̅ⲑ̅ⲩ̅, ⲟⲩⲚⲟⲩϯ ⲛ̀ⲟⲩⲱⲧ. Ⲁⲙⲏⲛ.	Nel nome del Padre, del Figlio, dello Spirito Santo, unico Dio. Amen.
Κύριε ἐλέησον, Κύριε ἐλέησον, Κύριε εὐλόγησον. Ἀμήν.	Signore pietà, Signore pietà, Signore benedici, Amen.
Δόξα Πατρὶ καὶ Υἱῷ καὶ Ἁγίῳ Πνεύματι. Καὶ νῦν καὶ ἀεὶ καὶ εἰς τοὺς αἰῶνας τῶν αἰώνων. Ἀμήν.	Gloria al Padre e al Figlio e allo Spirito Santo. E ora e sempre, e nei secoli dei secoli. Amen.

Padre nostro (p. 12)

Preghiera di ringraziamento (p. 13)

Salmo 50 (p. 13)

Preghiera dei vespri

[Ⲡⲟ̄ⲥ Ⲡⲟ̄ⲥ ⲛⲁⲓ ⲛⲁⲛ. | Signore, Signore, abbi pietà di noi.]

L'inno dei vespri del giorno benedetto. Lo offrirò a Cristo, mio re e mio Dio. Io spererò in lui affinché mi rimetta i miei peccati. Dai salmi del nostro maestro, il profeta Davide. Che la sua benedizione sia su tutti noi, amen.

Salmo 116

¹Nazioni tutte lodate il Signore.
Lo lodino tutti i popoli.
²Poiché la sua misericordia si è rafforzata su di noi,
e la verità del Signore è in eterno. *Alleluia.*

Salmo 117

¹Confessate il Signore perché è buono,
perché la sua misericordia è in eterno.
²La casa d'Israele dica che è buono,
che la sua misericordia è in eterno.
³La casa di Aronne dica che è buono,
che la sua misericordia è in eterno.
⁴Coloro che temono il Signore dicano che è buono,
che la sua misericordia è in eterno.
⁵Nella mia avversità ho innalzato il mio grido al Signore,
mi ha ascoltato e mi ha condotto al largo.
⁶Il Signore è il mio soccorritore, non temerò.
Che cosa potrà farmi un uomo?
⁷Il Signore è il mio soccorritore
e io vedrò la rovina dei miei nemici[73].
⁸È meglio confidare nel Signore che confidare negli uomini.
⁹È meglio sperare nel Signore che sperare nei potenti.

¹⁰Mi hanno circondato tutte le nazioni,
e nel nome del Signore mi sono vendicato di loro.
¹¹Mi hanno circondato e accerchiato,
e nel nome del Signore mi sono vendicato di loro.
¹²Mi hanno circondato come api che circondano il favo,
e sono bruciati come fuoco tra i rovi,
e nel nome del Signore mi sono vendicato di loro.
¹³Mi hanno messo le mani addosso per farmi cadere,
ma il Signore mi ha aiutato[74].
¹⁴Mia forza e mia lode è il Signore,
è venuto per salvarmi[75].
¹⁵Voce di esultanza e di salvezza nelle dimore dei giusti:
"La destra del Signore ha operato potenza,
¹⁶è la destra del Signore a essere stata esaltata,
la destra del Signore ha operato potenza".
¹⁷Non morirò, ma vivrò e narrerò le opere del Signore.
¹⁸Castigandomi il Signore mi ha dato un insegnamento[76]
e non mi ha consegnato alla morte.
¹⁹Apritemi le porte della verità,
affinché vi entri attraverso,
così che possa celebrare il Signore.
²⁰Questa è la porta del Signore,
vi entreranno i giusti.
²¹Ti confesserò, Signore,
perché mi hai ascoltato, e sei venuto per salvarmi.
²²La pietra che i costruttori hanno scartato,
questa è divenuta testata d'angolo.
²³Ciò proviene dal Signore,
ed è una meraviglia ai nostri occhi.

²⁴Questo è il giorno che ha fatto il Signore:
esultiamo e rallegriamoci in esso.
²⁵Signore, salva! Signore, raddrizza le nostre vie!
²⁶Benedetto colui che viene nel nome del Signore.
Vi abbiamo benedetti dalla casa del Signore.
²⁷Dio e il Signore ci ha illuminati[zz].
Organizzate una festa con coloro che giungono sino ai corni dell'altare.
²⁸Tu sei il mio Dio: ti confesserò.
Tu sei il mio Dio: ti esalterò.
Ti confesserò, Signore,
perché mi hai ascoltato e sei venuto per salvarmi.
²⁹Confessate il Signore perché è buono,
perché la sua misericordia è in eterno. *Alleluia.*

Salmo 119

¹Nell'avversità ho gridato verso di te, Signore,
e tu mi hai ascoltato.
²Signore, salverai la mia anima dalle labbra inique
e dalla lingua ingannatrice.
³Che cosa ti verrà dato o che cosa ti verrà aggiunto
in cambio di una lingua ingannatrice?
⁴Le frecce dei forti sono affilate con i carboni del deserto.
⁵Guai a me, perché il mio esilio[z8] si è fatto lontano per me,
sono finito nelle dimore di Kedar.
⁶La mia anima ha soggiornato in una moltitudine di luoghi.
⁷Ero pacifico con coloro che odiano la pace.
Se parlo con loro, mi muovono guerra invano. *Alleluia.*

Salmo 120

¹Ho alzato i miei occhi verso i monti:
da dove mi giunge il mio aiuto?
²Il mio aiuto è dal Signore che ha creato il cielo e la terra.
³Non permettere che il tuo piede vacilli
e che il tuo custode sonnecchi.
⁴Ecco, non sonnecchierà e non dormirà il custode di Israele.
⁵Il Signore ti custodirà,
il Signore adombrerà la tua mano destra.
⁶Di giorno il sole non ti scotterà,
né la luna di notte.
⁷Il Signore ti custodirà da ogni male,
il Signore custodirà la tua anima.
⁸Il Signore custodirà il tuo entrare e il tuo uscire,
da ora e in eterno. *Alleluia*.

Salmo 121

¹Ho gioito per coloro che mi hanno detto:
"Andremo alla casa del Signore".
²I nostri piedi si sono fermati nei cortili di Gerusalemme.
³Gerusalemme è costruita come una città
il cui compiacimento è nel ritrovarsi insieme[79].
⁴Poiché lì salivano le tribù, le tribù del Signore,
a testimonianza per Israele, per confessare il nome del Signore.
⁵Poiché lì sono stati fissati troni per il giudizio,
troni sulla casa di Davide.
⁶Chiedi le cose che riguardano la tua pace, Gerusalemme,
e prosperità per quelli che ti amano.
⁷Ci sia pace nella tua forza,

e prosperità nelle tue imponenti torri.
⁸A motivo dei miei fratelli e dei miei prossimi,
ho parlato di pace riguardo a te.
⁹A motivo della casa del Signore nostro Dio,
ho cercato cose buone per te. *Alleluia.*

Salmo 122

¹Ho alzato i miei occhi verso di te che abiti nel cielo.
²Ecco, come gli occhi dei servi alle mani dei loro padroni
e come gli occhi della serva alle mani della sua padrona,
così i nostri occhi verso il Signore, nostro Dio,
fino a che abbia misericordia di noi.
³Abbi pietà di noi, Signore, abbi pietà di noi,
perché siamo stati abbondantemente colmati di disprezzo.
⁴La nostra anima ne è stata oltremodo colmata.
Ripaga con il disprezzo coloro che prosperano,
e i superbi con la vergogna. *Alleluia.*

Salmo 123

¹Se non fosse che il Signore era tra noi
– lo dica Israele –,
²se non fosse che il Signore era tra noi
quando degli uomini insorsero contro di noi,
³ci avrebbero inghiottiti vivi,
quando la loro collera si è accesa contro di noi.
⁴L'acqua ci avrebbe sommersi,
la nostra anima avrebbe attraversato un torrente.
⁵La nostra anima avrebbe attraversato l'acqua senza fine.
⁶Benedetto il Signore,

che non ci ha dato come preda per i loro denti.
⁷La nostra anima è sfuggita
come un passero alla trappola dei cacciatori:
la trappola si è rotta e noi ci siamo salvati.
⁸Il nostro soccorso è nel nome del Signore,
che ha fatto il cielo e la terra. *Alleluia.*

Salmo 124

¹Coloro che confidano nel Signore
sono come il monte Sion:
non sarà scosso in eterno chi dimora in Gerusalemme.
²La circondano monti,
e il Signore è intorno al suo popolo,
da ora e in eterno.
³Non lascerà la verga dei peccatori sulla porzione dei giusti,
affinché i giusti non tendano le loro mani per compiere l'iniquità.
⁴Fa' del bene, Signore, ai buoni e ai retti di cuore.
⁵Ma coloro che sono inclini agli scandali,
il Signore li condurrà assieme agli operatori di iniquità.
Pace su Israele. *Alleluia.*

Salmo 125

¹Quando il Signore fece ritornare i prigionieri di Sion[80],
fummo come consolati.
²Allora la nostra bocca fu colma di gioia
e la nostra lingua di esultanza.
Allora diranno fra le nazioni:
"Il Signore ha fatto grandi cose con loro".
³Il Signore ha fatto grandi cose con noi:

siamo diventati gioiosi.
⁴Signore, ci farai ritornare dalla prigionia
come un torrente nel sud.
⁵Coloro che seminano in lacrime,
mieteranno in esultanza.
⁶Andando, camminavano e piangevano, portando i loro semi.
Ma, tornando, verranno in esultanza portando i loro covoni. *Alleluia.*

Salmo 126

¹Se il Signore non edifica una casa,
invano si affaticano i costruttori.
Se il Signore non sorveglia una città,
invano vigila il custode.
²È vano per voi svegliarvi presto,
alzarvi dopo esservi seduti[81],
voi che mangiate pane di dolore,
quando dà sonno ai suoi amati[82].
³Ecco l'eredità che viene dal Signore: i figli.
Il frutto del ventre è una ricompensa[83].
⁴Come frecce nella mano di un forte,
così sono i figli di coloro che sono stati messi in fuga.
⁵Beato l'uomo che realizzerà il proprio desiderio per mezzo di loro.
Non resteranno confusi
quando parleranno ai loro nemici alle porte. *Alleluia.*

Salmo 127

¹Beati tutti coloro che temono il Signore,
coloro che camminano nelle sue vie.
²Mangerai del frutto delle tue fatiche,

sarai beato e ciò che è buono sarà per te.
³La tua sposa sarà come vite rigogliosa, a fianco alla tua casa.
I tuoi figli come piante nuove di ulivo
che circondano la tua tavola.
⁴Ecco, così sarà benedetto
l'uomo che teme il Signore.
⁵Il Signore ti benedirà da Sion
e vedrai i beni di Gerusalemme tutti i giorni della tua vita.
⁶Vedrai i figli dei tuoi figli. Pace su Israele. *Alleluia.*

Salmo 128

¹Molte volte mi hanno fatto guerra
fin dalla mia giovinezza, lo dica Israele.
²Molte volte mi hanno fatto guerra
fin dalla mia giovinezza,
ma non hanno prevalso su di me.
³I peccatori mi colpivano sul dorso,
la loro iniquità è durata a lungo.
⁴Giusto è il Signore, romperà il collo ai peccatori.
⁵Siano confusi
e tornino indietro tutti coloro che odiano Sion.
⁶Divengano come erba su un tetto,
che si secca prima di essere strappata,
⁷della quale non si è riempito la mano il mietitore,
né il petto colui che ammassa i covoni.
⁸E i passanti non hanno detto:
"La benedizione del Signore è su di voi.
Vi abbiamo benedetti nel nome del Signore". *Alleluia.*

Preghiera dei vespri

[Δόξα σοι, ὁ Θεὸς ἡμῶν
Dal Vangelo secondo San Luca l'Evangelista.
Che la sua benedizione sia su tutti noi, amen.]

VANGELO SECONDO SAN LUCA 4,38-41

Si alzò dalla sinagoga, ed entrò in casa di Simone. La suocera di Simone aveva una grande febbre, e lo supplicavano per lei. Si mise, dunque, in piedi sopra di lei, sgridò la febbre ed essa la lasciò. E subito lei si alzò e li servì. Quando il sole poi tramontò, tutti quelli che avevano malati con infermità di vario tipo li portarono a lui. Egli, quindi, avendo messo la mano su ognuno di loro, li guarì. Uscivano allora anche demòni da molti, urlando e dicendo: "Tu sei il Figlio di Dio!". Ed egli li sgridava e non li lasciava parlare, perché sapevano che era lui il Cristo.

Gloria al nostro Dio.

[Ⲧⲉⲛⲟⲩⲱϣⲧ ⲙⲙⲟⲕ ⲱ Ⲡⲭⲥ ⲛⲉⲙ Ⲡⲉⲕⲓⲱⲧ ⲛ̀ⲁⲅⲁⲑⲟⲥ ⲛⲉⲙ Ⲡⲓⲡ̅ⲛ̅ⲁ̅ ⲉ̅ⲑ̅ⲩ̅ ϫⲉ ⲁⲕⲓ̀ ⲁⲕⲥⲱϯ ⲙⲙⲟⲛ. Ⲛⲁⲓ ⲛⲁⲛ. | Ti adoriamo o Cristo, insieme al tuo Padre buono, e allo Spirito Santo, perché sei venuto[84] e ci hai salvati. Abbi pietà di noi.]

✠ Se il giusto a malapena si salva, in che modo apparirò io, peccatore? Non riesco a sopportare il peso e il calore del giorno, a causa della piccolezza della mia umanità. Ma tu, Dio misericordioso, annoverami con quelli dell'undicesima ora[85], perché in iniquità sono stato concepito, e in peccati mi ha desiderato mia madre. Per questo non posso alzare lo sguardo verso il cielo, ma mi affido all'abbondanza della tua misericordia e del tuo amore per gli uomini, gridando e dicendo: "Dio, perdona me peccatore e abbi pietà di me".

Δόξα Πατρὶ καὶ Υἱῷ καὶ Ἁγίῳ Πνεύματι.	Gloria al Padre, e al Figlio, e allo Spirito Santo.

✣ Affrettati, Salvatore, ad accogliermi nel tuo abbraccio paterno[86], perché io ho sperperato la mia vita negli eccessi[87] e nei piaceri, e la giornata è passata per me ed è volata. Ecco, ora mi affido all'abbondanza della tua inesauribile[88] misericordia. Non respingere un cuore umiliato che ha bisogno della tua misericordia. Poiché grido a te, o Signore, con timore: "Ho peccato, o Dio, in cielo e davanti a te, e non sono degno di essere chiamato tuo figlio. Ma rendimi come uno dei tuoi salariati".

Καὶ νῦν καὶ ἀεὶ καὶ εἰς τοὺς αἰῶνας τῶν αἰώνων. Ἀμήν.	E ora e sempre, e nei secoli dei secoli. Amen.

✣ Poiché ho peccato con trasporto e con piacere, e sono caduto in ogni peccato con desiderio e con meticolosità, mi merito ogni afflizione e giudizio. Preparami vie di conversione, o Vergine Sovrana, poiché ti supplico, chiedo la tua intercessione e solo te invoco, affinché mi aiuti[89], così che non sia svergognato. E quando il mio spirito volerà via da me, sii con me, sconfiggi il consiglio dei nemici e chiudi le porte dell'Amènti, affinché non mi divorino, o Sposa immacolata del vero Sposo.

[O Dio ascoltaci, abbi pietà di noi
e perdonaci i nostri peccati, amen.]

Si recita Kýrie eléison *41 volte.*

Santo, Santo, Santo (p. 37)

Padre nostro (p. 12)

✣✣✣

Preghiera dei vespri

Assoluzione

Ti ringraziamo, o Sovrano compassionevole, perché ci hai donato di trascorrere questo giorno in pace, ci hai portati a sera con gratitudine e hai donato a tutti ugualmente[20] di vedere la luce fino ai vespri. Accogli la nostra dossologia che è stata offerta ora. Salvaci dalla malizia tortuosa[21] del nemico, e distruggi tutte le sue trappole tese contro di noi. Anche in questa notte che sopraggiunge, concedici pace senza afflizione, né turbamento, né sofferenza, né suggestioni demoniache[22], così che possiamo attraversarla in pace e santità, e alzarci per la lode e le preghiere, e in ogni momento e in ogni luogo possiamo dar gloria al tuo nome santo in ogni cosa, insieme al Padre incomprensibile e senza inizio, e allo Spirito Santo vivificante e consustanziale a te, ora e sempre e nei secoli dei secoli. Amen.

Orazione conclusiva per ogni ora (p. 30)

Ⲡⲓϣⲗⲏⲗ ⲛ̀ⲧⲉ ⲡⲓϩⲩⲛⲓⲙ

PREGHIERA DEL SONNO[23]

Inizio di ogni ora

Ϧⲉⲛ Ⲫ̀ⲣⲁⲛ ⲙ̀Ⲫⲓⲱⲧ ⲛⲉⲙ Ⲡ̀ϣⲏⲣⲓ ⲛⲉⲙ Ⲡⲓⲡ̅ⲛ̅ⲁ̅ ⲉ̅ⲑ̅ⲩ̅, ⲟⲩⲚⲟⲩϯ ⲛ̀ⲟⲩⲱⲧ. Ⲁⲙⲏⲛ.	Nel nome del Padre, del Figlio, dello Spirito Santo, unico Dio. Amen.
Κύριε ἐλέησον, Κύριε ἐλέησον, Κύριε εὐλόγησον. Ἀμήν.	Signore pietà, Signore pietà, Signore benedici, Amen.
Δόξα Πατρὶ καὶ Υἱῷ καὶ Ἁγίῳ Πνεύματι. Καὶ νῦν καὶ ἀεὶ καὶ εἰς τοὺς αἰῶνας τῶν αἰώνων. Ἀμήν.	Gloria al Padre e al Figlio e allo Spirito Santo. E ora e sempre, e nei secoli dei secoli. Amen.

Padre nostro (p. 12)

Preghiera di ringraziamento (p. 13)

Salmo 50 (p. 13)

Preghiera del sonno

[Ⲡⲟ̄ⲥ Ⲡⲟ̄ⲥ ⲛⲁⲓ ⲛⲁⲛ. | Signore, Signore, abbi pietà di noi.]

L'inno del sonno benedetto. Lo offrirò a Cristo, mio re e mio Dio. Io spererò in lui affinché mi rimetta i miei peccati. Dai salmi del nostro maestro, il profeta Davide. Che la sua benedizione sia su tutti noi, amen.

Salmo 129

¹Dalle profondità ho gridato a te, Signore.
²Signore, ascolta la mia voce.
I tuoi orecchi siano attenti alla voce della mia supplica.
³Se badi all'iniquità, Signore, Signore,
chi sarà capace di restare in piedi?
⁴Poiché il mio perdono viene da te.
A motivo del tuo nome, ⁵Signore, ti ho atteso.
L'anima mia ha atteso la tua legge.
⁶L'anima mia ha sperato nel Signore
dal turno di veglia del mattino[24] fino a notte.
Fin dal turno del mattino,
Israele speri nel Signore.
⁷Poiché la misericordia è presso il Signore.
Grande è la sua salvezza.
⁸Egli redimerà Israele da tutte le sue iniquità. *Alleluia.*

Salmo 130

¹Signore, il mio cuore non si è esaltato,
i miei occhi non si sono inorgogliti
e non ho camminato in grandezze
né in meraviglie al di sopra di me.
²Anche se non mi sono umiliato,

Preghiera del sonno

la mia voce si è alzata come un bambino svezzato
che cerca di mettersi in braccio a sua madre,
come in cerca di un premio per la mia anima[25].
³Israele speri nel Signore da ora e in eterno. *Alleluia*.

Salmo 131

¹Ricordati, Signore, di David e di tutta la sua mansuetudine,
²come di quando giurò al Signore e pregò il Dio di Giacobbe:
³"Non entrerò nella dimora della mia casa,
non salirò sul materasso del mio letto.
⁴Non potrò dare sonno ai miei occhi
né torpore alle mie palpebre, né riposo alle mie ciglia,
⁵fino a che non troverò un luogo per il Signore,
una dimora per il Dio di Giacobbe".
⁶Ecco, l'abbiamo sentita in Efrata,
l'abbiamo trovata nella boscaglia.
⁷Entreremo nelle sue dimore,
adoreremo il luogo in cui si sono fermati i suoi piedi.
⁸Sorgi, Signore, verso il tuo riposo,
tu e la tua arca del tuo luogo santo.
⁹I tuoi sacerdoti saranno rivestiti di verità
e i tuoi santi esulteranno.
¹⁰A motivo di David tuo servo,
non distogliere il volto dal tuo Cristo.
¹¹Il Signore ha giurato a David in verità,
e non tornerà indietro:
"Dal frutto del tuo grembo porrò [un re] sul tuo trono.
¹²Se i tuoi figli custodiranno la mia alleanza
e le mie testimonianze che insegnerò loro,

Preghiera del sonno

i loro figli, in eterno, siederanno sul tuo trono".
¹³Poiché il Signore ha scelto Sion, l'ha scelta come sua dimora:
¹⁴"Questo è il luogo del mio riposo per l'eternità dell'eternità.
Dimorerò in questo luogo, perché l'ho amato.
¹⁵Benedirò la sua preda con benedizioni
e sazierò i suoi poveri di pane.
¹⁶I suoi sacerdoti li rivestirò di salvezza,
e i suoi santi esulteranno grandemente.
¹⁷Là farò sorgere un corno per David,
ho preparato una lampada per il mio Cristo.
¹⁸I suoi nemici li rivestirò di vergogna,
ma su di lui risplenderà la mia santità". *Alleluia.*

Salmo 132

¹Ecco, che cosa è bello o che cosa è dolce,
se non fratelli che vivono insieme[26]?
²Come unguento sul capo, che scende sulla barba,
la barba di Aronne, che scende sull'orlo della sua veste.
³Come rugiada dell'Aermon, che discende sul monte di Sion.
Poiché là il Signore ha ordinato la benedizione,
e la vita in eterno. *Alleluia.*

Salmo 133

¹Ecco, benedite il Signore,
voi servi del Signore,
voi che state in piedi nella casa del Signore,
negli atri della casa del nostro Dio.
²Durante le notti, alzate le vostre mani, voi santi,
benedite il Signore.

³Il Signore ti benedirà da Sion,
lui che ha creato il cielo e la terra. *Alleluia*.

Salmo 136

¹Sui fiumi di Babilonia,
là ci siamo seduti e abbiamo pianto ricordandoci di Sion.
²Sui salici, in mezzo ad essa,
abbiamo appeso i nostri strumenti.
³Poiché là coloro che ci avevano resi prigionieri
ci hanno chiesto parole di lode,
e coloro che ci avevano deportati là ci hanno detto:
"Cantateci una lode delle odi di Sion".
⁴Come canteremo l'ode del Signore su una terra straniera?
⁵Se mi dimenticassi di te, Gerusalemme,
è come se mi dimenticassi della mia destra.
⁶La mia lingua si attaccherà al mio palato,
se non mi ricordo di te,
se non antepongo Gerusalemme a capo della mia gioia.
⁷Ricordati, Signore, dei figli di Edom nel giorno di Gerusalemme,
i quali dicevano: "Svuotate, svuotate[27], fino alle sue fondamenta!"
⁸Figlia di Babilonia, o misera,
beato chi ti restituirà ciò che hai fatto a noi.
⁹Beato chi afferrerà i tuoi bambini
e li seppellirà presso la roccia. *Alleluia*.

Salmo 137

¹Ti confesserò, Signore, con tutto il mio cuore,
perché hai ascoltato tutte le parole della mia bocca.
Davanti agli angeli, ti intonerò inni.

Preghiera del sonno

²Mi prostrerò davanti al tuo tempio santo
e confesserò il tuo nome per la tua misericordia e la tua verità,
poiché hai magnificato il tuo santo nome sopra ogni altro.
³Nel giorno in cui ti invocherò, affrettati a darmi ascolto.
Avrai grande cura dell'anima mia, con forza.
⁴Ti confessino, Signore, tutti i re della terra,
poiché hanno udito tutte le parole della tua bocca.
⁵Cantino nelle vie del Signore,
poiché grande è la gloria del Signore.
⁶Eccelso è il Signore,
e guarda gli umili, e conosce gli esseri viventi[28] da lontano.
⁷Se cammino nel mezzo dell'avversità, mi farai vivere.
Hai steso la tua mano contro l'ira di nemici,
e la tua destra mi ha salvato.
⁸Il Signore mi ricompenserà.
Signore, la tua misericordia è in eterno:
non abbandonare, Signore, le opere delle tue mani. *Alleluia.*

Salmo 140

¹Signore, a te ho gridato, ascoltami.
Sii attento alla voce della mia supplica,
quando innalzo il mio grido a te.
²La mia preghiera salga diritta davanti a te come incenso.
L'innalzarsi delle mie mani
è sacrificio della sera.
³Signore, poni una guardia alla porta della mia bocca,
e una porta solida sulle mie labbra.
⁴Non piegare il mio cuore verso parole malvagie
volte a trovare scuse per [giustificare] i peccati di uomini

che operano iniquità.
Non mi compiacerò delle loro prelibatezze.
⁵Mi istruirà con misericordia il giusto e mi correggerà.
L'olio del peccatore non unga la mia testa,
perché la mia preghiera è offerta ancora con piacere.
⁶I loro forti sono stati inghiottiti accanto a una roccia.
Ascolteranno le mie parole,
poiché si sono addolcite.
⁷Come una zolla,
si sono spaccati sulla terra.
Le loro ossa sono state disperse presso l'Amènti.
⁸Poiché i nostri occhi sono rivolti a te, Signore.
Signore, in te ho sperato,
non far morire la mia anima.
⁹Custodiscimi dalla trappola che mi ha teso [il peccatore]
e dagli scandali di coloro che commettono iniquità.
¹⁰Peccatori cadranno nella sua rete.
Io resto da solo, fino a che passi l'iniquità. *Alleluia.*

Salmo 141

²Ho innalzato il mio grido al Signore con la mia voce,
ho supplicato il Signore con la mia voce.
³Effonderò la mia supplica davanti a lui,
darò sfogo alla mia angoscia al suo cospetto,
⁴quando il mio spirito viene meno.
Tu hai conosciuto le mie vie.
In questa via camminavo:
mi hanno nascosto una trappola.
⁵Osservavo a destra e guardavo,

poiché non c'era chi mi avrebbe riconosciuto.
Non ho più alcuna via di scampo,
e non c'è nessuno che mi cerchi[22].
⁶Ho gridato verso di te, Signore, e ho detto:
"Tu sei la mia speranza,
la mia porzione nella terra dei viventi.
⁷Sii attento alla mia supplica,
perché sono stato molto umiliato.
Salvami da coloro che mi perseguitano,
perché sono più forti di me.
⁸Fai uscire dal carcere la mia anima
affinché confessi il tuo nome, Signore.
Mi attendono i giusti,
fino a che tu mi abbia ricompensato". *Alleluia.*

Salmo 145

¹Anima mia, benedici il Signore!
²Benedirò il Signore nella mia vita,
inneggerò al mio Dio finché esisto.
³Non confidate nei sovrani e nei figli degli uomini,
nei quali non c'è salvezza.
⁴Uscirà il loro spirito e ritornerà alla sua terra.
In quel giorno periranno tutti i loro pensieri.
⁵Beato colui il cui soccorritore è il Dio di Giacobbe,
la cui speranza è nel Signore, suo Dio,
⁶che ha fatto il cielo e la terra,
il mare e tutto ciò che è in esso,
che costudisce la verità in eterno,
⁷che giudica in favore di coloro che subiscono violenza,

che dà il cibo agli affamati.
Il Signore libererà gli incatenati,
⁸il Signore rialzerà coloro che sono stati scaraventati a terra,
il Signore istruisce i ciechi,
il Signore ama i giusti.
⁹Il Signore custodirà gli stranieri,
accoglierà l'orfano e la vedova,
e distruggerà la via dei peccatori.
¹⁰Il Signore regnerà in eterno,
e il tuo Dio, Sion, di generazione in generazione. *Alleluia.*

Salmo 146

¹Benedite il Signore,
perché buono è il salmo.
Sarà gradito al nostro Dio il nostro benedirlo[100].
²Il Signore è colui che edifica Gerusalemme.
Il Signore radunerà i dispersi di Israele.
³Egli guarisce coloro che hanno il cuore spezzato,
e fascia tutte le loro fratture.
⁴Egli conta la moltitudine delle stelle,
e dà a tutte un nome.
⁵Grande è il Signore, grande è la sua forza,
non c'è limite alla sua conoscenza.
⁶Il Signore è colui che accoglie i miti
ma umilierà i peccatori fino a terra.
⁷Iniziate presto confessando il Signore,
inneggiate al nostro Dio con la cetra,
⁸lui che copre il cielo di nuvole,
prepara la pioggia per la terra,

ricopre i monti d'erba
e di luoghi verdeggianti al servizio degli uomini,
⁹dando il cibo al bestiame
e ai piccoli dei corvi che gridano a lui.
¹⁰Non apprezzerà la forza del cavallo,
né si compiacerà delle gambe dell'uomo.
¹¹Il Signore si compiacerà di coloro che lo temono
e di quelli che sperano nella sua misericordia. *Alleluia*.

Salmo 147

¹Gerusalemme, benedici il Signore.
Benedici il nostro Dio, Sion,
²poiché ha rinforzato le sbarre delle tue porte,
ha benedetto i tuoi figli dentro di te.
³Egli ha messo pace ai tuoi confini
e ti sazia del grasso del frumento[101].
⁴Egli manda la sua parola alla terra,
rapidamente corre la sua parola.
⁵Egli dà la neve come lana,
sparge la tenebra come cenere,
⁶e getta il ghiaccio come schegge:
chi potrà resistere di fronte alle sue gelate?
⁷Invierà la sua parola e le scioglierà.
Il suo vento soffierà e scorreranno acque.
⁸Egli dice la sua parola a Giacobbe,
le sue verità e i suoi giudizi a Israele.
⁹Non ha fatto così a ogni nazione,
e non ha manifestato loro i suoi giudizi. *Alleluia*.

Preghiera del sonno

[Δόξα σοι, ὁ Θεὸς ἡμῶν
Dal Vangelo secondo San Luca l'Evangelista.
Che la sua benedizione sia su tutti noi, amen.]

VANGELO SECONDO SAN LUCA 2,25-32

Ed ecco, vi era un uomo a Gerusalemme il cui nome era Simeone. Quest'uomo era giusto e timorato, e teneva fisso lo sguardo sulla consolazione di Israele, e lo Spirito Santo era su di lui. Gli era stato annunciato da una rivelazione fattagli dallo Spirito Santo che non avrebbe visto la morte prima di aver visto il Cristo Signore. Venne dunque nello Spirito al Tempio e, quando i genitori portarono dentro il bambino Gesù per compiere per lui ciò che era conveniente secondo la legge, Simeone lo prese in braccio e benedisse Dio dicendo: "Ora, mio Sovrano, lascerai andare in pace il tuo servo, secondo la tua parola, poiché i miei occhi hanno visto la tua salvezza che tu hai preparato davanti a tutti i popoli. Luce per la rivelazione alle nazioni e gloria per il tuo popolo Israele".

Gloria al nostro Dio.

| [Ϫⲉⲛⲟⲩⲱϣⲧ ⲙ̀ⲙⲟⲕ ⲱ Ⲡⲭ̅ⲥ̅ ⲛⲉⲙ Ⲡⲉⲕⲓⲱⲧ ⲛ̀ⲁⲅⲁⲑⲟⲥ ⲛⲉⲙ Ⲡⲓⲡ̅ⲛ̅ⲁ̅ ⲉ̅ⲑ̅ⲩ̅ ϫⲉ ⲁⲕⲓ ⲁⲕⲥⲱϯ ⲙ̀ⲙⲟⲛ. Ⲛⲁⲓ ⲛⲁⲛ. | Ti adoriamo o Cristo, insieme al tuo Padre buono, e allo Spirito Santo, perché sei venuto[102] e ci hai salvati. Abbi pietà di noi.] |

✢ Ecco, mi accingo a stare al cospetto del vero Giudice, temendo e tremando a causa della moltitudine dei miei peccati. Poiché la vita sprecata nelle passioni merita il giudizio. Ma tu convertiti, anima mia, finché sei sulla terra, perché nella tomba nessuno può lodare, e non c'è nessuno tra i morti che si ricordi di Dio, e nessuno nell'Amènti che lo ringrazi. Che tu possa destarti, dunque, dal sonno della negligenza[103], e pregare convertita il Salvatore, dicendo: "Abbi compassione di me, o Dio, salvami".

| Δόξα Πατρὶ καὶ Υἱῷ καὶ Ἁγίῳ Πνεύματι. | Gloria al Padre, e al Figlio, e allo Spirito Santo. |

✠ Se la vita terrena perdurasse e questo mondo fosse imperituro, avresti una scusa da addurre, anima mia. Ma quando saranno svelate[104] le tue malefatte e le tue orrende cattiverie davanti al vero Giudice, che fine farai, tu che giaci indolente nel letto dei peccati, troppo pigra per umiliare la carne? O Cristo, nostro Dio, tremo per quando emetterai il tuo spaventoso giudizio, e fremo a motivo della tua divinità radiosa, io che sono misero[105] e infangato, che dormo sul mio letto, vivendo con negligenza. Ma farò come il pubblicano, battendomi il petto e dicendo: "Perdonami[106], perché sono un peccatore".

| Καὶ νῦν καὶ ἀεὶ καὶ εἰς τοὺς αἰῶνας τῶν αἰώνων. Ἀμήν. | E ora e sempre, e nei secoli dei secoli. Amen. |

✠ Vergine immacolata, aiuta me, tuo servo. Allontana da me i pensieri cattivi, e ridesta la mia anima per la sua preghiera e la sua veglia, poiché è immersa in un sonno pesante. Tu, infatti, sei una Madre potente, misericordiosa e ausiliatrice, la Madre della Fonte della Vita, mio re e mio Dio, Gesù Cristo, mia speranza.

Degnati, Signore

Degnati, Signore, di custodirci in ciò che resta di questo giorno[107] senza peccato. Benedetto sei tu, Signore, Dio dei nostri padri, e più che benedetto: pieno di gloria è il tuo santo nome in eterno, amen. La tua misericordia sia su di noi, Signore, così come noi abbiamo posto la nostra speranza in te. Gli occhi di ognuno di noi, infatti, sperano in te, poiché tu sei colui che ci dà il cibo a tempo debito. Ascoltaci, Dio, nostro Salvatore, speranza dei confini di

Preghiera del sonno

tutta la terra. Tu, dunque, Signore, ci custodirai, ci libererai e ci salverai da questa generazione in eterno, amen. Benedetto sei tu, Signore, insegnami le tue verità. Benedetto sei tu, Signore, fammi comprendere le tue verità. Benedetto sei tu, Signore, illuminami con le tue verità. Signore, la tua misericordia è in eterno. Non abbandonare, Signore, le opere delle tue mani, poiché sei divenuto per noi un rifugio di generazione in generazione. Io ho detto: "Signore, abbi pietà di me. Guarisci la mia anima, perché ho peccato contro di te. Signore, mi sono rifugiato in te. Salvami, insegnami a compiere la tua volontà, poiché tu sei il mio Dio. Presso di te è la fonte della vita. Nella tua luce, Signore, vedremo luce. La tua misericordia giunga a coloro che ti conoscono e la tua verità ai retti di cuore. A te spetta la benedizione, a te spetta la lode, a te si addice la gloria, al Padre, al Figlio e allo Spirito Santo, tu che sei dall'inizio, e ora e sempre, amen". È bello confessare il Signore, cantare al tuo nome altissimo, proclamare la tua misericordia al mattino e la tua verità durante la notte[108].

Trisághion (p. 35)

Introduzione e fede ortodossa (p. 37)

Si recita Kýrie eléison *41 volte.*

Santo, Santo, Santo (p. 37)

Padre nostro (p. 12)

✣✣✣

Assoluzione

Signore, tutto ciò in cui abbiamo peccato contro di te in questo giorno, con l'azione o con la parola, con il pensiero o con tutti i sensi, rimettilo e perdonacelo a motivo del tuo santo nome, tu che sei Buono e Mairòmi.

Preghiera del sonno

Concedici, o Dio, una notte serena e un sonno puro. Inviaci un angelo di pace affinché vigili su di noi custodendoci da ogni male, da ogni calamità e da ogni tentazione del nemico. Per la grazia, le misericordie e l'amore per gli uomini del tuo Figlio Unigenito, nostro Signore, Dio e Salvatore, Gesù Cristo, per mezzo del quale la gloria, l'onore e la potenza spettano a te, insieme a lui e allo Spirito Santo vivificante e consustanziale a te, ora e sempre e nei secoli dei secoli. Amen.

Orazione conclusiva per ogni ora (p. 39)

Ⲡⲓϣⲗⲏⲗ ⲙ̀Ⲡⲓⲣⲉϥⲉⲣⲥⲕⲉⲡⲁⲍⲓⲛ
PREGHIERA DEL PROTETTORE[109]

Inizio di ogni ora

Ϧⲉⲛ Ⲫ̇ⲣⲁⲛ ⲙ̀Ⲫⲓⲱⲧ ⲛⲉⲙ Ⲡϣⲏⲣⲓ ⲛⲉⲙ Ⲡⲓⲡ̅ⲛ̅ⲁ̅ ⲉ̅ⲑ̅ⲩ̅, ⲟⲩⲚⲟⲩϯ ⲛ̀ⲟⲩⲱⲧ. Ⲁⲙⲏⲛ.	Nel nome del Padre, del Figlio, dello Spirito Santo, unico Dio. Amen.
Κύριε ἐλέησον, Κύριε ἐλέησον, Κύριε εὐλόγησον. Ἀμήν.	Signore pietà, Signore pietà, Signore benedici, Amen.
Δόξα Πατρὶ καὶ Υἱῷ καὶ Ἁγίῳ Πνεύματι. Καὶ νῦν καὶ ἀεὶ καὶ εἰς τοὺς αἰῶνας τῶν αἰώνων. Ἀμήν.	Gloria al Padre e al Figlio e allo Spirito Santo. E ora e sempre, e nei secoli dei secoli. Amen.

Padre nostro (p. 12)

Preghiera di ringraziamento (p. 13)

Salmo 50 (p. 13)

Preghiera del Protettore

[Ⲡⲟ̄ⲥ Ⲡⲟ̄ⲥ ⲛⲁⲓ ⲛⲁⲛ. | Signore, Signore, abbi pietà di noi.]

L'inno del Protettore. Lo offrirò a Cristo, mio re e mio Dio. Io spererò in lui affinché mi rimetta i miei peccati. Dai salmi del nostro maestro, il profeta Davide. Che la sua benedizione sia su tutti noi, amen.

Salmo	Incipit	P.
	DALLA PREGHIERA DEL MATTINO	
4	Quando ho innalzato il mio grido	19
6	Signore, non rimproverarmi	20
12	Fino a quando, Signore	22
15	Custodiscimi, Signore	24
24	A te, Signore, ho innalzato	26
26	Il Signore è mia luce	27
66	Dio avrà compassione di noi	30
69	Dio, vieni in mio aiuto	30
	DALLA PREGHIERA DELL'ORA TERZA	
22	Il Signore è colui che mi pascerà	41
29	Ti esalterò, Signore	45
42	Giudica per me, Signore	48
	DALLA PREGHIERA DELL'ORA SESTA	
56	Abbi misericordia di me, o Dio	57
85	Piega il tuo orecchio, Signore	63
90	Colui che dimora nel soccorso	65
	DALLA PREGHIERA DELL'ORA NONA	
96	Il Signore ha regnato	74
109	Il Signore ha detto al mio Signore	78
114	Ho amato il fatto che il Signore	81
115	Ho creduto, perciò ho parlato	81

Preghiera del Protettore

	DALLA PREGHIERA DEI VESPRI	
120	*Ho alzato i miei occhi*	91
128	*Molte volte mi hanno fatto guerra*	95
	DALLA PREGHIERA DEL SONNO	
129	*Dalle profondità ho gridato a te*	100
130	*Signore, il mio cuore non si è esaltato*	100
131	*Ricordati, Signore, di David*	101
132	*Ecco, che cosa è bello*	102
133	*Ecco, benedite il Signore*	102
136	*Sui fiumi di Babilonia*	103
140	*Signore, a te ho gridato*	104
145	*Anima mia, benedici il Signore*	106
	DALLA PREGHIERA DI MEZZANOTTE	
118(20)	*Vedi la mia umiliazione*	133
118(21)	*I capi mi hanno perseguitato*	134
118(22)	*Si avvicini al tuo cospetto*	134

[Δόξα σοι, ὁ Θεὸς ἡμῶν
Dal Vangelo secondo San Giovanni l'Evangelista.
Che la sua benedizione sia su tutti noi, amen.]

VANGELO SECONDO SAN GIOVANNI 6,15-23

Gesù, quando vide che avevano intenzione di venire a prenderlo con la forza per farlo re, si ritirò sul monte, lui da solo[110].] Quando poi si fece sera, i suoi discepoli scesero verso il mare e, saliti sulla barca, andavano verso l'altra sponda del mare, verso Cafàrnao. Si era già fatto buio, e Gesù non era ancora andato da loro. Il mare si stava agitando e soffiava un grande vento. Quando, dunque, si furono allontanati di circa venticinque o trenta stadi[111], videro Gesù camminare sul mare e avvicinarsi alla barca. Ebbero paura. Egli, allora, disse loro: "Sono io, non temete". Volevano, allora, prenderlo con loro nella barca, e subito la barca giunse alla sponda della terra verso cui andavano. L'indomani, la folla rimasta sull'altra sponda del mare vide che non c'era nessun'altra barca se non una, e che Gesù non era salito in barca con i suoi discepoli, ma i suoi discepoli erano salpati da soli. Vennero altre barche da Tiberiade, nei pressi del luogo in cui avevano mangiato il pane sul quale il Signore aveva reso grazie.

Gloria al nostro Dio.

| [Ⲧⲉⲛⲟⲩⲱϣⲧ ⲙⲙⲟⲕ ⲱ Ⲡⲭ̅ⲥ̅ ⲛⲉⲙ Ⲡⲉⲕⲓⲱⲧ ⲛ̅ⲁⲅⲁⲑⲟⲥ ⲛⲉⲙ Ⲡⲓⲡ̅ⲛ̅ⲁ̅ ⲉ̅ⲑ̅ⲩ̅ ϫⲉ ⲁⲕⲓ ⲁⲕⲥⲱϯ ⲙ̅ⲙⲟⲛ. Ⲛⲁⲓⲛⲁⲛ. | Ti adoriamo o Cristo, insieme al tuo Padre buono, e allo Spirito Santo, perché sei venuto[112] e ci hai salvati. Abbi pietà di noi.] |

✠ Tu, Signore, conosci l'insorgere dei miei nemici e comprendi la debolezza della mia natura, o mio Creatore. Poiché, ecco, nelle tue mani abbandono il mio spirito. Proteggimi all'ombra delle ali della tua bontà, affinché non mi sorprenda il sonno della morte[113]. Illumina i miei occhi con la grandezza delle tue parole. Fammi stare in piedi in ogni momento per glorificarti, poiché tu soltanto sei Buono e Mairòmi.

| Δόξα Πατρὶ καὶ Υἱῷ καὶ Ἁγίῳ Πνεύματι. | Gloria al Padre, e al Figlio, e allo Spirito Santo. |

✠ Tremendo è il tuo tribunale, Signore, nel quale gli uomini vengono radunati, gli angeli stanno in piedi, i libri verranno aperti[114], le azioni rivelate, e si verrà giudicati in base ai propri pensieri[115]. Quale giudizio sarà il mio, io che sono incatenato dal peccato? Chi spegnerà per me la fiamma del fuoco?

Preghiera del Protettore

Chi farà risplendere per me la tenebra, se tu non hai pietà di me, Signore? Poiché tu sei compassionevole verso gli uomini.

| Καὶ νῦν καὶ ἀεὶ καὶ εἰς τοὺς αἰῶνας τῶν αἰώνων. Ἀμήν. | E ora e sempre, e nei secoli dei secoli. Amen. |

✤ O Masnùti, avendo piena fiducia in te, non saremo svergognati, ma saremo salvati. Avendo ottenuto per noi il tuo aiuto e la tua mediazione[116], o santa, pura e perfetta, non temeremo ma scacceremo i nostri nemici e li annienteremo, e prenderemo a protezione il tuo aiuto potente in ogni cosa, come fosse uno scudo. Ti supplichiamo e ti chiediamo, innalzando il nostro grido a te: "O Theotókos!", affinché tu ci salvi per mezzo delle tue supliche e ci faccia ridestare dal sonno tenebroso, per poter offrire dossologie, per mezzo della potenza del Dio che si è incarnato in te.

Trisághion (p. 35)

Introduzione e fede ortodossa (p. 37)

Si recita Kýrie eléison 41 volte.

Santo, Santo, Santo (p. 37)

Padre nostro (p. 12)

✣✣✣

Assoluzione

Sovrano, Signore Gesù Cristo, nostro Dio, donaci riposo per il nostro sonno, riposo per il nostro corpo e purezza per le nostre anime. Ci custodirai dalla tenebra oscura del peccato. Si plachino i moti delle passioni, si estingua il fuoco del corpo. Doma i tumulti della carne e donaci una mente spirituale vigile, un pensiero umile, uno stile di vita virtuoso, un letto immacolato e un giaciglio puro. Ci farai alzare per intonare l'inno notturno e diurno, rimanendo saldi nei tuoi comandamenti e costanti nel ricordo dei tuoi giudizi. Concedici di offrirti la dossologia per tutta la notte, per benedire il tuo nome santo, pieno di gloria e di ogni bellezza, con il tuo Padre buono e lo Spirito Santo vivificante, ora e in ogni momento, e per l'eternità dell'eternità. Amen.

Orazione conclusiva per ogni ora (p. 39)

Ⲡⲓϣⲗⲏⲗ
ⲛ̀ⲧⲉ ϯⲫⲁϣⲓ ⲙ̀ⲡⲓⲉ̀ϫⲱⲣϩ
PREGHIERA DI MEZZANOTTE
(TRE LITURGIE[117])

Inizio di ogni ora

Ϧⲉⲛ Ⲫ̀ⲣⲁⲛ ⲙ̀Ⲫⲓⲱⲧ ⲛⲉⲙ Ⲡ̀ϣⲏⲣⲓ ⲛⲉⲙ Ⲡⲓⲡ͞ⲛ͞ⲁ ⲉ̅ⲑ̅ⲩ̅, ⲟⲩⲚⲟⲩϯ ⲛ̀ⲟⲩⲱⲧ. Ⲁⲙⲏⲛ.	Nel nome del Padre, del Figlio, dello Spirito Santo, unico Dio. Amen.
Κύριε ἐλέησον, Κύριε ἐλέησον, Κύριε εὐλόγησον. Ἀμήν.	Signore pietà, Signore pietà, Signore benedici, Amen.
Δόξα Πατρὶ καὶ Υἱῶ καὶ Ἁγίω Πνεύματι. Καὶ νῦν καὶ ἀεὶ καὶ εἰς τοὺς αἰῶνας τῶν αἰώνων. Ἀμήν.	Gloria al Padre e al Figlio e allo Spirito Santo. E ora e sempre, e nei secoli dei secoli. Amen.

Padre nostro (p. 12)

Preghiera di ringraziamento (p. 13)

Salmo 50 (p. 13)

Prima liturgia

Alzatevi, figli della luce, e cantiamo al Signore delle potenze.

Affinché ci conceda la salvezza delle nostre anime.

Stando in piedi davanti a te fisicamente,

Togli dalle nostre menti il torpore del sonno[118].

Donaci, Signore, vigilanza[119], affinché capiamo di stare davanti a te nel momento della preghiera,

inviamo a te verso l'alto la dossologia conveniente, e possiamo ottenere il perdono dei nostri numerosi peccati.

| Δόξα σοι, Φιλάνθρωπε. | Gloria a te, o Filàntropo. |

Salmo 133

¹Ecco, benedite il Signore, voi servi del Signore, voi che state in piedi nella casa del Signore, negli atri della casa del nostro Dio. ²Durante le notti, alzate le vostre mani, voi santi, benedite il Signore. ³Il Signore ti benedirà da Sion, lui che ha creato il cielo e la terra.

| Δόξα σοι, Φιλάνθρωπε. | Gloria a te, o Filàntropo. |

Si avvicini la mia supplica al tuo cospetto, Signore. Fammi comprendere secondo la tua parola. Giunga a te la mia invocazione. Secondo la tua parola, vivificami. Le mie labbra effonderanno benedizione, se tu mi insegni le tue verità. La mia lingua pronuncerà le tue parole, poiché tutti i tuoi comandamenti sono verità. Venga la tua mano a salvarmi, poiché ho desiderato i tuoi comandamenti. Ho bramato la tua salvezza, Signore, e la tua legge è la mia meditazione. La mia anima vivrà e ti benedirà, e i tuoi giudizi mi aiuteranno. Mi sono perso come una pecora smarrita: cerca il tuo servo, poiché non ho dimenticato i tuoi comandamenti.

Gloria al Padre e al Figlio e allo Spirito Santo. Ora e sempre e nei secoli dei secoli. Amen. Gloria al Padre e al Figlio e allo Spirito Santo, da ora e per

Preghiera di mezzanotte — Prima liturgia

l'eternità dell'eternità. Amen. Gloria a Te, o Mairòmi buono. Salutiamo la Madre tua, la Vergine, e tutti i tuoi santi. Gloria a te, o Unigenito. Santa Trinità, abbi pietà di noi.

Sorga Dio. Si disperdano tutti i suoi nemici. Fuggano dal suo cospetto tutti coloro che odiano il suo santo nome. Il tuo popolo, invece, dimori nella benedizione, migliaia di migliaia e miriadi di miriadi, compiendo la tua volontà. Signore, aprirai le mie labbra e la mia bocca canterà la tua benedizione.

Amen, Alleluia.

[Ⲡⲟ̅ⲥ̅ Ⲡⲟ̅ⲥ̅ ⲛⲁⲓ ⲛⲁⲛ. | Signore, Signore, abbi pietà di noi.]

L'inno della mezzanotte benedetta. Lo offrirò a Cristo, mio re e mio Dio. Io spererò in lui affinché mi rimetta i miei peccati. Dai salmi del nostro maestro, il profeta Davide. Che la sua benedizione sia su tutti noi, amen.

Salmo	Incipit	P.
	Dalla preghiera del mattino	
3	Signore, perché sono aumentati	18
6	Signore, non rimproverarmi	20
12	Fino a quando, Signore	22
69	Dio, vieni in mio aiuto	30
	Dalla preghiera dell'ora sesta	
85	Piega il tuo orecchio, Signore	63
90	Colui che dimora nel soccorso	65
	Dalla preghiera dei vespri	
116	Nazioni tutte lodate il Signore	88
117	Confessate il Signore	88

Preghiera di mezzanotte — Prima liturgia

Salmo 118

1 ¹Beati gli immacolati sulla via,
che camminano nella legge del Signore.
²Beati coloro che scrutano le sue testimonianze,
cercandolo con tutto il loro cuore.
³Coloro, invece, che praticano l'iniquità,
non hanno desiderato camminare sulle sue vie.
⁴Tu hai comandato di custodire molto i tuoi comandamenti.
⁵Oh se le mie vie fossero rette per custodire le tue verità!
⁶Allora non sarò confuso
nell'osservare tutti i tuoi comandamenti.
⁷Ti confesserò, Signore, con la rettitudine del mio cuore,
per far conoscere i giudizi delle tue verità.
⁸E custodirò le tue verità:
non abbandonarmi fino alla fine.

Δόξα σοι, Φιλάνθρωπε. | Gloria a te, o Filàntropo[120].

2 ¹⁽⁹⁾Con che cosa il giovane renderà retta la sua via?
Custodendo le tue parole.
²⁽¹⁰⁾Ti ho cercato con tutto il mio cuore:
non tenermi lontano dai tuoi comandamenti.
³⁽¹¹⁾Ho nascosto le tue parole nel mio cuore,
per non peccare contro di te.
⁴⁽¹²⁾Benedetto sei tu, Signore:
insegnami le tue verità.
⁵⁽¹³⁾Con le mie labbra
ho rivelato tutti i giudizi della tua bocca.
⁶⁽¹⁴⁾Ho gioito nella via delle tue testimonianze,
come per ogni ricchezza.

⁷⁽¹⁵⁾Parlerò mediante i tuoi comandamenti,
e comprenderò le tue vie.
⁸⁽¹⁶⁾Mediterò le tue verità
e non dimenticherò le tue parole.

  Δόξα σοι, Φιλάνθρωπε. | Gloria a te, o Filàntropo.

3 ¹⁽¹⁷⁾Dona al tuo servo la ricompensa:
vivrò e custodirò le tue parole.
²⁽¹⁸⁾Togli il velo ai miei occhi,
e vedrò le tue meraviglie nella tua legge.
³⁽¹⁹⁾Io, io sono un pellegrino sulla terra,
non nascondermi i tuoi comandamenti.
⁴⁽²⁰⁾La mia anima ha bramato di desiderare
i tuoi giudizi in ogni momento.
⁵⁽²¹⁾Hai rimproverato i superbi:
maledetti quelli che hanno deviato dai tuoi comandamenti.
⁶⁽²²⁾Togli da me l'umiliazione e la vergogna,
perché ho cercato le tue testimonianze.
⁷⁽²³⁾I capi, infatti, si sono seduti
e hanno sparlato contro di me.
Ma il tuo servo meditava le tue verità.
⁸⁽²⁴⁾Le tue testimonianze, infatti,
sono la mia meditazione, e le tue verità i miei consigli.

  Δόξα σοι, Φιλάνθρωπε. | Gloria a te, o Filàntropo.

4 ¹⁽²⁵⁾L'anima mia si è incollata alla terra:
vivificami secondo la tua parola.
²⁽²⁶⁾Ho parlato delle tue vie, e mi hai ascoltato:
insegnami le tue verità.
³⁽²⁷⁾Fammi comprendere la via delle tue verità,

e mediterò le tue meraviglie.
⁴⁽²⁸⁾La mia anima si è addormentata per l'angoscia:
rendimi stabile nelle tue parole.
⁵⁽²⁹⁾Allontana da me la via dell'iniquità,
e abbi misericordia di me con la tua legge.
⁶⁽³⁰⁾Ho scelto per me la via della verità,
e non mi sono dimenticato dei tuoi giudizi.
⁷⁽³¹⁾Mi sono stupito delle tue testimonianze, Signore:
non svergognarmi.
⁸⁽³²⁾Corro sempre sulla via dei tuoi comandamenti,
quando allarghi il mio cuore.

  Δόξα σοι, Φιλάνθρωπε. | Gloria a te, o Filàntropo.

5 ¹⁽³³⁾Stabilisci per me una legge, Signore,
sulla via delle tue verità,
e la cercherò in ogni momento.
²⁽³⁴⁾Fammi comprendere, e scruterò la tua legge,
e la custodirò con tutto il mio cuore.
³⁽³⁵⁾Guidami verso la via dei tuoi comandamenti,
perché è ciò che ho desiderato.
⁴⁽³⁶⁾Piega il mio cuore
alle tue testimonianze e non all'iniquità.
⁵⁽³⁷⁾Distogli i miei occhi dal guardare vanità,
vivificami sulle tue vie.
⁶⁽³⁸⁾Fissa la tua parola e il tuo servo nel timore di te.
⁷⁽³⁹⁾Togli da me la vergogna di cui ho dubitato[121]:
i tuoi giudizi, infatti, sono dolci.
⁸⁽⁴⁰⁾Ecco, ho desiderato i tuoi comandamenti:
dammi vita con la tua verità.

Δόξα σοι, Φιλάνθρωπε. | Gloria a te, o Filàntropo.

6 ¹⁽⁴¹⁾Venga su di me la tua misericordia, Signore,
e la tua salvezza secondo la tua parola,
²⁽⁴²⁾e risponderò con una parola a coloro che mi umiliano,
poiché ho sperato nei tuoi giudizi.
³⁽⁴³⁾Non togliere mai dalla mia bocca
la parola della tua verità,
poiché ho sperato nei tuoi giudizi.
⁴⁽⁴⁴⁾Custodirò la tua legge in ogni momento,
in eterno e per l'eternità dell'eternità.
⁵⁽⁴⁵⁾Camminavo in un luogo spazioso,
poiché ho cercato i tuoi comandamenti.
⁶⁽⁴⁶⁾Parlavo delle tue testimonianze davanti ai re,
senza vergognarmi,
⁷⁽⁴⁷⁾e meditavo sui tuoi comandamenti
che ho molto amato.
⁸⁽⁴⁸⁾Ho alzato le mie mani verso i tuoi comandamenti
che ho molto amato,
e meditavo sulle tue verità.

Δόξα σοι, Φιλάνθρωπε. | Gloria a te, o Filàntropo.

7 ¹⁽⁴⁹⁾Ricorda al tuo servo la tua parola,
nella quale mi hai fatto sperare.
²⁽⁵⁰⁾Essa mi ha consolato nella mia umiliazione,
poiché la tua parola mi ha vivificato.
³⁽⁵¹⁾Gli orgogliosi hanno trasgredito all'estremo.
Io, invece, non ho deviato dalla tua legge.
⁴⁽⁵²⁾Mi sono ricordato dei tuoi giudizi dall'eternità, Signore,
e ho trovato consolazione.

⁵⁽⁵³⁾Mi ha afferrato angoscia per i peccatori
che hanno abbandonato la tua legge.
⁶⁽⁵⁴⁾Le tue verità per me erano canti
nel luogo della mia dimora.
⁷⁽⁵⁵⁾Mi sono ricordato del tuo nome, Signore, nella notte,
e ho custodito la tua legge.
⁸⁽⁵⁶⁾Ciò mi è successo
perché ho cercato le tue verità.

  Δόξα σοι, Φιλάνθρωπε. | Gloria a te, o Filàntropo.

8 ¹⁽⁵⁷⁾Tu sei la mia porzione, Signore.
Ho detto di custodire i tuoi comandamenti.
²⁽⁵⁸⁾Ho supplicato il tuo volto con tutto il mio cuore:
abbi misericordia di me secondo la tua parola.
³⁽⁵⁹⁾Poiché ho meditato secondo le tue vie,
e ho riportato i miei piedi verso le tue testimonianze.
⁴⁽⁶⁰⁾Mi sono predisposto, senza turbarmi,
a custodire i tuoi comandamenti.
⁵⁽⁶¹⁾Catene di peccatori mi hanno avvinto,
ma non mi sono dimenticato della tua legge.
⁶⁽⁶²⁾A mezzanotte mi alzo per confessarti,
a motivo dei giudizi della tua verità.
⁷⁽⁶³⁾Io sono compagno di tutti coloro che ti temono
e che custodiscono i tuoi comandamenti.
⁸⁽⁶⁴⁾La terra è piena della tua misericordia, Signore.
Insegnami le tue verità.

  Δόξα σοι, Φιλάνθρωπε. | Gloria a te, o Filàntropo.

9 ¹⁽⁶⁵⁾Hai usato bontà con il tuo servo, Signore,
secondo la tua parola.

²⁽⁶⁶⁾Insegnami dolcezza, dottrina e conoscenza,
poiché ho creduto ai tuoi comandamenti.
³⁽⁶⁷⁾Prima che fossi umiliato, io sono stato negligente:
per questo ho custodito la tua parola.
⁴⁽⁶⁸⁾Tu sei dolce, Signore:
nella tua bontà insegnami le tue verità.
⁵⁽⁶⁹⁾È abbondata per me l'iniquità dei superbi.
Io, invece, con tutto il mio cuore
scruterò i tuoi comandamenti.
⁶⁽⁷⁰⁾Il loro cuore si è rappreso come latte[122].
Io, invece, ho meditato la tua legge.
⁷⁽⁷¹⁾È un bene per me che mi hai umiliato,
perché conoscessi le tue verità.
⁸⁽⁷²⁾Buona per me è anche la legge della tua bocca
più che migliaia di pezzi d'oro e d'argento.

| Δόξα σοι, Φιλάνθρωπε. | Gloria a te, o Filàntropo. |

10 ¹⁽⁷³⁾Le tue mani mi hanno plasmato e mi hanno creato:
fammi comprendere, e conoscerò i tuoi comandamenti.
²⁽⁷⁴⁾Coloro che ti temono mi vedranno e gioiranno,
poiché ho sperato nelle tue parole.
³⁽⁷⁵⁾Ho conosciuto, Signore,
che i tuoi giudizi sono verità,
e che con verità mi hai umiliato.
⁴⁽⁷⁶⁾Venga su di me la tua misericordia a consolarmi,
e la tua parola al tuo servo.
⁵⁽⁷⁷⁾Giungano a me le tue compassioni e vivrò,
perché la tua legge è la mia meditazione.
⁶⁽⁷⁸⁾Siano confusi gli arroganti,

poiché, praticando il male, hanno trasgredito la legge contro di me.
Io, invece, sarò perseverante nei tuoi comandamenti.
⁷⁽⁷⁹⁾Ritornino a me coloro che ti temono
e coloro che conoscono le tue meraviglie.
⁸⁽⁸⁰⁾Il mio cuore divenga puro mediante la tua verità,
affinché non sia confuso.

   Δόξα σοι, Φιλάνθρωπε. | Gloria a te, o Filàntropo.

11 ¹⁽⁸¹⁾La mia anima si strugge per la tua salvezza,
e nella tua parola ho sperato.
²⁽⁸²⁾I miei occhi si struggono per le tue parole,
dicendo: "Quando mi consolerai?".
³⁽⁸³⁾Sono divenuto come un otre al gelo,
ma non ho dimenticato le tue verità.
⁴⁽⁸⁴⁾Quanti sono i giorni del tuo servo?
Quando condannerai per me coloro che mi perseguitano?
⁵⁽⁸⁵⁾I trasgressori mi hanno raccontato chiacchiere[123],
ma non come la tua legge, Signore,
⁶⁽⁸⁶⁾poiché tutti i tuoi comandamenti sono verità.
Mi hanno perseguitato ingiustamente, aiutami!
⁷⁽⁸⁷⁾Per poco non mi distruggevano a terra,
ma io non ho abbandonato i tuoi comandamenti.
⁸⁽⁸⁸⁾Vivificami secondo la tua misericordia,
e custodirò le testimonianze della tua bocca.

   Δόξα σοι, Φιλάνθρωπε. | Gloria a te, o Filàntropo.

12 ¹⁽⁸⁹⁾La tua parola, Signore, è in eterno nei cieli,
²⁽⁹⁰⁾e la tua verità è di generazione in generazione.
Hai fondato la terra, e sussiste.
³⁽⁹¹⁾Per tuo comando esiste anche il giorno,

poiché tutte le cose sono tue serve.
⁴⁽⁹²⁾Se non fosse che la tua legge è la mia meditazione,
perirei nella mia umiliazione.
⁵⁽⁹³⁾In eterno non mi dimenticherò delle tue verità,
perché con esse mi hai vivificato, Signore.
⁶⁽⁹⁴⁾Mi salverai, Signore, perché io sono tuo,
poiché ho cercato le tue verità.
⁷⁽⁹⁵⁾I peccatori mi hanno aspettato per rovinarmi,
ma io ho compreso[124] le tue testimonianze.
⁸⁽⁹⁶⁾Di ogni perfezione ho visto la fine:
i tuoi comandamenti sono vastissimi.

> Δόξα σοι, Φιλάνθρωπε. | Gloria a te, o Filàntropo.

13 ¹⁽⁹⁷⁾Quanto è amabile il tuo nome, Signore!
Per tutto il giorno esso è la mia meditazione.
²⁽⁹⁸⁾Mi hai insegnato i tuoi comandamenti più che ai miei nemici,
poiché in eterno sono per me.
³⁽⁹⁹⁾Ho compreso più di tutti coloro che mi insegnano,
perché le tue testimonianze sono la mia meditazione.
⁴⁽¹⁰⁰⁾Ho compreso più degli anziani,
perché ho cercato i tuoi comandamenti.
⁵⁽¹⁰¹⁾Ho impedito ai miei piedi di andare su ogni via malvagia,
affinché potessi custodire la tua parola.
⁶⁽¹⁰²⁾Non ho deviato dai tuoi giudizi,
poiché tu hai stabilito una legge per me.
⁷⁽¹⁰³⁾Come sono dolci al mio palato le tue parole,
più del miele e del favo nella mia bocca.
⁸⁽¹⁰⁴⁾Mediante i tuoi comandamenti ho capito.
Per questo ho odiato ogni via di ingiustizia,

poiché tu hai stabilito una legge per me.

Δόξα σοι, Φιλάνθρωπε. | Gloria a te, o Filàntropo.

14 ¹⁽¹⁰⁵⁾Lampada per i miei piedi è la tua legge,
e luce per le mie vie.
²⁽¹⁰⁶⁾Ho giurato e mi sono deciso
a custodire i giudizi della tua verità.
³⁽¹⁰⁷⁾Mi sono tanto umiliato:
vivificami, Signore, secondo la tua parola.
⁴⁽¹⁰⁸⁾Benedirai le promesse della mia bocca, Signore:
insegnami i tuoi giudizi.
⁵⁽¹⁰⁹⁾La mia anima è nelle tue mani in ogni momento,
e non mi sono dimenticato della tua legge.
⁶⁽¹¹⁰⁾I peccatori mi hanno nascosto una trappola,
ma non ho divagato dai tuoi comandamenti.
⁷⁽¹¹¹⁾Ho ereditato le tue testimonianze in eterno,
poiché sono esultanza per il mio cuore.
⁸⁽¹¹²⁾Ho piegato il mio cuore a mettere in pratica le tue verità,
a motivo della [tua] ricompensa, in eterno.

Δόξα σοι, Φιλάνθρωπε. | Gloria a te, o Filàntropo.

15 ¹⁽¹¹³⁾Ho odiato i trasgressori e ho amato la tua legge.
²⁽¹¹⁴⁾Tu sei il mio soccorritore e il mio protettore:
ho sperato nella tua parola.
³⁽¹¹⁵⁾Andate via da me, malfattori,
e scruterò i comandamenti del mio Dio.
⁴⁽¹¹⁶⁾Accoglimi secondo la tua parola e vivrò.
Non confondermi rispetto a ciò che attendo.
⁵⁽¹¹⁷⁾Aiutami, e sarò salvato,
mediterò le tue verità in ogni momento.

⁶⁽¹¹⁸⁾Hai disprezzato tutti coloro
che si sono allontanati dalle tue verità,
perché il loro pensiero è iniquità.
⁷⁽¹¹⁹⁾Ho considerato tutti i peccatori della terra trasgressori:
per questo ho amato le tue testimonianze in ogni momento.
⁸⁽¹²⁰⁾Inchioda le mie carni al tuo timore.
Ho temuto, infatti, i tuoi giudizi.

  Δόξα σοι, Φιλάνθρωπε. | Gloria a te, o Filàntropo.

16 ¹⁽¹²¹⁾Ho operato giudizio e verità:
non consegnarmi a coloro che mi opprimono.
²⁽¹²²⁾Accogli il tuo servo per il bene.
Non farmi calunniare dagli arroganti.
³⁽¹²³⁾I miei occhi si sono consumati per la tua salvezza
e per la parola della tua verità.
⁴⁽¹²⁴⁾Agisci col tuo servo secondo la tua misericordia,
e insegnami le tue verità.
⁵⁽¹²⁵⁾Io sono tuo servo:
fammi comprendere e conoscerò le tue testimonianze.
⁶⁽¹²⁶⁾È tempo di agire, Signore:
hanno annullato la tua legge.
⁷⁽¹²⁷⁾Per questo ho amato i tuoi comandamenti,
più dell'oro e del topazio.
⁸⁽¹²⁸⁾Per questo mi sono erto in favore di tutti i tuoi comandamenti:
ogni via empia l'ho odiata.

  Δόξα σοι, Φιλάνθρωπε. | Gloria a te, o Filàntropo.

17 ¹⁽¹²⁹⁾Meravigliose sono le tue testimonianze;
per questo l'anima mia le ha scrutate.
²⁽¹³⁰⁾La manifestazione delle tue parole mi illuminerà

e farà comprendere ai bambini piccoli.

³⁽¹³¹⁾Ho aperto la mia bocca e ho attirato per me lo Spirito,
perché desideravo i tuoi comandamenti.

⁴⁽¹³²⁾Guarda a me e abbi misericordia di me,
secondo il giudizio che riservi
a coloro che amano il tuo nome[125].

⁵⁽¹³³⁾Raddrizzerai i miei passi secondo la tua parola,
non far dominare su di me alcuna iniquità.

⁶⁽¹³⁴⁾Salvami dalle menzogne degli uomini,
e custodirò i tuoi comandamenti.

⁷⁽¹³⁵⁾Fa' risplendere il tuo volto sul tuo servo,
e insegnami le tue verità.

⁸⁽¹³⁶⁾I miei occhi hanno versato fiumi di lacrime[126],
poiché non hanno custodito la tua legge.

| Δόξα σοι, Φιλάνθρωπε. | Gloria a te, o Filàntropo. |

18

¹⁽¹³⁷⁾Tu sei giusto, Signore, e retto è il tuo giudizio.

²⁽¹³⁸⁾Hai molto comandato giustizia e verità
che sono le tue testimonianze.

³⁽¹³⁹⁾Lo zelo per la tua casa mi ha consumato,
poiché i miei nemici si sono dimenticati dei tuoi comandamenti.

⁴⁽¹⁴⁰⁾La tua parola è molto raffinata, e il tuo servo l'ha amata.

⁵⁽¹⁴¹⁾Io sono giovane e disprezzato:
non mi sono dimenticato delle tue verità.

⁶⁽¹⁴²⁾La tua verità è verità in eterno,
e la tua parola è verità.

⁷⁽¹⁴³⁾Mi hanno colto angoscia e avversità:
i tuoi comandamenti sono la mia meditazione.

⁸⁽¹⁴⁴⁾Le tue testimonianze sono verità in eterno.

Donami intelligenza, e vivrò.

    Δόξα σοι, Φιλάνθρωπε. | Gloria a te, o Filàntropo.

19 1(145)Ho gridato con tutto il mio cuore:
ascoltami, Signore. Cercherò le tue verità.
2(146)A te ho innalzato il mio grido:
salvami, e custodirò le tue testimonianze.
3(147)Ho anticipato il cuore della notte[127]:
ho gridato e ho sperato nelle tue parole.
4(148)I miei occhi si sono affrettati a vedere l'aurora
per meditare le tue parole.
5(149)Ascolta la mia voce, Signore,
secondo la tua misericordia,
e vivificami secondo i tuoi giudizi.
6(150)Sono ormai vicini coloro che mi perseguitano con iniquità:
ma si sono allontanati dalla tua legge.
7(151)Tu sei vicino, Signore,
e tutti i tuoi comandamenti sono verità.
8(152)Dal principio ho compreso dalle tue testimonianze
che le hai fondate in eterno.

    Δόξα σοι, Φιλάνθρωπε. | Gloria a te, o Filàntropo.

20 1(153)Vedi la mia umiliazione e salvami,
perché non mi sono dimenticato della tua legge.
2(154)Fammi giustizia e salvami.
Vivificami a motivo della tua parola.
3(155)La salvezza è lontana dai peccatori,
perché non hanno cercato le tue verità.
4(156)Le tue compassioni sono tanto grandi, Signore:
vivificami secondo i tuoi giudizi.

⁵⁽¹⁵⁷⁾Molti sono coloro che mi perseguitano e che mi opprimono.
Non ho deviato dalle tue testimonianze.
⁶⁽¹⁵⁸⁾Ho visto coloro che erano privi di comprensione e mi angosciavo,
poiché non hanno custodito le tue parole.
⁷⁽¹⁵⁹⁾Vedi, Signore, che ho amato i tuoi comandamenti:
nella tua misericordia, Signore, vivificami.
⁸⁽¹⁶⁰⁾Il principio delle tue parole è verità,
e tutti i giudizi delle tue verità sono eterni.

  Δόξα σοι, Φιλάνθρωπε. | Gloria a te, o Filàntropo.

21

¹⁽¹⁶¹⁾I capi mi hanno perseguitato invano,
ma il mio cuore ha temuto a causa delle tue parole.
²⁽¹⁶²⁾Io esulterò per la tua parola,
come uno che ha trovato un bottino copioso.
³⁽¹⁶³⁾Ho odiato e detestato l'ingiustizia,
ma ho amato la tua legge.
⁴⁽¹⁶⁴⁾Sette volte al giorno ti ho benedetto
per i giudizi della tua verità.
⁵⁽¹⁶⁵⁾Sia grande pace per coloro che amano il tuo nome,
e non abbiano da inciampare.
⁶⁽¹⁶⁶⁾Tenevo fisso lo sguardo sulla tua salvezza, Signore,
e ho custodito i tuoi comandamenti.
⁷⁽¹⁶⁷⁾La mia anima ha custodito le tue testimonianze
e le ha amate intensamente.
⁸⁽¹⁶⁸⁾Ho custodito i tuoi comandamenti e le tue testimonianze,
e tutte le mie vie sono davanti a te, Signore.

  Δόξα σοι, Φιλάνθρωπε. | Gloria a te, o Filàntropo.

22

¹⁽¹⁶⁹⁾Si avvicini al tuo cospetto la mia supplica, Signore.
Fammi comprendere secondo la tua parola.

²⁽¹⁷⁰⁾La mia richiesta entri davanti a te:
vivificami secondo la tua parola.
³⁽¹⁷¹⁾Le mie labbra effonderanno benedizione,
se tu mi insegni le tue verità.
⁴⁽¹⁷²⁾La mia lingua pronuncerà le tue parole,
poiché tutti i tuoi comandamenti sono verità.
⁵⁽¹⁷³⁾Sia la tua mano per salvarmi,
perché ho desiderato i tuoi comandamenti.
⁶⁽¹⁷⁴⁾Ho bramato la tua salvezza, Signore,
e la tua legge è la mia meditazione.
⁷⁽¹⁷⁵⁾La mia anima vivrà e ti benedirà,
e i tuoi giudizi mi aiuteranno.
⁸⁽¹⁷⁶⁾Ho vagato come pecora smarrita:
cerca il tuo servo,
perché non mi sono dimenticato dei tuoi comandamenti. *Alleluia.*

[*Δόξα σοι, ὁ Θεὸς ἡμῶν*
Dal Vangelo secondo San Matteo l'Evangelista.
Che la sua benedizione sia su tutti noi, amen.]

VANGELO SECONDO SAN MATTEO 25,1-13

Allora il Regno dei cieli è simile a dieci vergini che, avendo preso le loro lampade, uscirono incontro allo sposo. Cinque di esse erano stolte e cinque sagge. Le stolte presero le loro lampade ma non portarono con sé l'olio. Le sagge, invece, portarono l'olio nei loro vasetti, insieme alle loro lampade. Poiché lo sposo tardava, si assopirono tutte e si addormentarono. Ma a mezzanotte ci fu un grido: "Ecco, lo sposo è arrivato! Alzatevi e venitegli incontro!". Allora, tutte quelle vergini si alzarono e guarnirono le loro lampade. Le stolte dissero alle sagge: "Dateci un po' del vostro olio, perché le nostre lampade si spegneranno". Le sagge risposero: "[No,] altrimenti non basta a noi e a voi. Andate piuttosto dai venditori, e compratevene". Mentre andarono a comprare l'olio, venne lo sposo, e quelle che erano pronte entrarono con lui alle nozze, e la porta fu chiusa. Infine, poi, giunse anche il resto delle vergini e dicevano: "Signore nostro, Signore nostro, aprici!". Ma egli rispose: "In verità io vi dico: non vi conosco". Vegliate, dunque, perché non sapete né il giorno né l'ora.

Gloria al nostro Dio.

| [Ⲧⲉⲛⲟⲩⲱϣⲧ ⲙ̀ⲙⲟⲕ ⲱ Ⲡ̄ⲭ̄ⲥ̄ ⲛⲉⲙ Ⲡⲉⲕⲓⲱⲧ ⲛ̀ⲁⲅⲁⲑⲟⲥ ⲛⲉⲙ Ⲡⲓⲡ̄ⲛ̄ⲁ̄ ⲉ̅ⲑ̅ⲩ̅ ϫⲉ ⲁⲕⲓ ⲁⲕⲥⲱϯ ⲙ̀ⲙⲟⲛ. Ⲛⲁⲓ ⲛⲁⲛ. | Ti adoriamo o Cristo, insieme al tuo Padre buono, e allo Spirito Santo, perché sei venuto[128] e ci hai salvati. Abbi pietà di noi.] |

✠ Ecco, lo sposo sta per arrivare a mezzanotte. Beato il servo che trova vigilante. Colui, invece, che troverà addormentato, non è degno di andare con lui. Bada, dunque, anima mia, di non appesantirti per il sonno, per non rimanere fuori dal Regno. Ma veglia e grida: "Santo, Santo, Santo sei tu, o Dio, a motivo della Masnùti, abbi pietà di noi".

| Δόξα Πατρὶ καὶ Υἱῷ καὶ Ἁγίῳ Πνεύματι. | Gloria al Padre, e al Figlio, e allo Spirito Santo. |

✠ Comprendi, anima mia, quel giorno temibile, sii sobria e accendi la tua lampada con l'olio di esultanza, poiché non sai quando giungerà a te la voce che dice: "Ecco lo Sposo!". Bada, anima mia, di non addormentarti, per non restare fuori a bussare, come le cinque vergini stolte. Ma veglia in preghiera per poter andare incontro a Cristo Signore con olio denso[129], affinché egli ti faccia grazia delle vere nozze della sua divinità

Preghiera di mezzanotte — Prima liturgia

| Καὶ νῦν καὶ ἀεὶ καὶ εἰς τοὺς αἰῶνας τῶν αἰώνων. Ἀμήν. | E ora e sempre, e nei secoli dei secoli. Amen. |

✣ O Masnùti, o Vergine, o muraglia indistruttibile: annienta il consiglio di chi ci combatte, trasforma in gioia l'angoscia dei tuoi servi, proteggi la nostra città, combatti con i nostri sovrani, e intercedi per la pace del mondo. Poiché tu sei la nostra speranza, o Masnùti.

Poi si dicono i primi tre tropari di terza:
"Re celeste…", "Così come sei stato…", "Quando stiamo…" (p. 54).

Si recita Kýrie eléison *41 volte*

Santo, Santo, Santo (p. 37)

Padre nostro (p. 12)

SECONDA LITURGIA

*Si recitano i salmi dei vespri
da "Nell'avversità ho gridato" fino alla fine (da p. 90 a p. 95).*

*[Δόξα σοι, ὁ Θεὸς ἡμῶν
Dal Vangelo secondo San Luca l'Evangelista.
Che la sua benedizione sia su tutti noi, amen.]*

VANGELO SECONDO SAN LUCA 7,36-50

Uno dei farisei gli chiedeva di mangiare con lui. Ed egli, entrato nella casa del fariseo, si adagiò [a tavola]. Ed ecco, una donna, una peccatrice della città, quando seppe che era adagiato nella casa del fariseo, prese un vaso di profumo. E, stando dietro, ai piedi di lui, piangendo, cominciò a bagnare i piedi di lui con le sue lacrime, e li asciugava con i capelli del suo capo; baciava i suoi piedi, e li ungeva con il profumo. Quando vide ciò, il fariseo che lo aveva invitato disse tra sé e sé: "Se costui fosse un profeta, saprebbe chi è e di che genere è questa donna che lo tocca: è una peccatrice!". Gesù rispose e gli disse: "Simone, ho una parola da dirti". Ed egli gli disse: "Maestro, di'". Disse, allora: "C'erano due debitori che avevano un creditore: uno gli doveva cinquecento stateri[130], l'altro cinquanta. Non avendo essi di che ripagare, egli rimise per grazia il debito a entrambi. Chi di loro, dunque, lo amerà di più?". Simone rispose dicendo: "Penso colui al quale ha rimesso di più per grazia". Allora egli gli disse: "Hai giudicato correttamente". E, voltatosi verso la donna, disse a Simone: "Vedi questa donna? Sono entrato in casa tua e tu non mi hai dato l'acqua per i piedi. Lei, invece, mi ha bagnato i piedi con le sue lacrime e li ha asciugati con i suoi capelli. Tu non mi hai baciato la bocca. Lei, invece, da quando è entrata a casa tua, non ha smesso di baciarmi i piedi. Tu non hai unto con olio il mio capo. Lei, invece, mi ha unto i piedi di profumo. Per questo ti dico che i suoi molti peccati le sono perdonati, perché ha molto amato. Invece, colui al quale si perdona poco, ama poco". Poi disse a lei: "I tuoi peccati ti sono perdonati". I commensali cominciarono a dire tra sé e sé: "Chi è costui che perdona anche i peccati?". Ma egli disse alla donna: "Va' in pace. La tua fede ti ha salvata".

Gloria al nostro Dio.

| [Ϫⲉⲛⲟⲩⲱϣⲧ ⲙ̄ⲙⲟⲕ ⲱ Ⲡⲭ̄ⲥ ⲛⲉⲙ Ⲡⲉⲕⲓⲱⲧ ⲛ̄ⲁⲅⲁⲑⲟⲥ ⲛⲉⲙ Ⲡⲓⲡ̄ⲛ̄ⲁ̄ ⲉⲑ̄ⲩ̄ ϫⲉ ⲁⲕⲓ̀ ⲁⲕⲥⲱϯ ⲙ̄ⲙⲟⲛ. Ⲛⲁⲓ ⲛⲁⲛ. | Ti adoriamo o Cristo, insieme al tuo Padre buono, e allo Spirito Santo, perché sei venuto[131] e ci hai salvati. Abbi pietà di noi.] |

✝ Donami, Signore, sorgenti di lacrime abbondanti, come le desti un tempo alla donna peccatrice. E rendimi degno di bagnarti i piedi che mi hanno liberato dalla via della perdizione, di offrirti un profumo prezioso e di ottenere una vita pura per mezzo della conversione, affinché io possa sentire quella voce piena di gioia che dice: "La tua fede ti ha salvato".

| Δόξα Πατρὶ καὶ Υἱῷ καὶ Ἁγίῳ Πνεύματι. | Gloria al Padre, e al Figlio, e allo Spirito Santo. |

✝ Quando considero l'abbondanza delle mie cattive azioni, e nel mio cuore sorge il pensiero di quel giudizio terribile, resto turbato. Mi rifugerò presso di te, o Dio Mairòmi. Non distogliere il tuo volto da me. Io ti supplico, tu che sei l'unico senza peccato: concedi compunzione alla mia povera anima, prima della fine, e salvami.

| Καὶ νῦν καὶ ἀεὶ καὶ εἰς τοὺς αἰῶνας τῶν αἰώνων. Ἀμήν. | E ora e sempre, e nei secoli dei secoli. Amen. |

✣ I cieli ti lodano, o piena di grazia, sposa senza sposo. Anche noi glorifichiamo il tuo parto ineffabile. O Masnùti, intercedi per la salvezza delle nostre anime.

Poi si dicono i primi tre tropari di terza:
"Re celeste…", "Così come sei stato…", "Quando stiamo…" (p. 54).

Si recita Kýrie eléison *41 volte*

Santo, Santo, Santo (p. 37)

Padre nostro (p. 12)

Terza liturgia

*Si recitano tutti i salmi
della preghiera del sonno (da p. 100 a p. 108).*

[Δόξα σοι, ὁ Θεὸς ἡμῶν
*Dal Vangelo secondo San Luca l'Evangelista.
Che la sua benedizione sia su tutti noi, amen.*]

Vangelo secondo San Luca 12,32-46

"Non temere, piccolo gregge, perché il Padre tuo si è compiaciuto di darti il Regno. Vendete ciò che possedete e datelo in elemosina. Fatevi borselli che non invecchiano e un tesoro che non perisce nei cieli, là dove il ladro non si avvicina ad esso, e la tarma non lo rovina. Perché là dov'è il vostro tesoro, sarà il vostro cuore. I vostri fianchi siano cinti e le vostre lampade accese. Voi stessi siate simili a uomini che aspettano il loro signore quando ritorna dalle nozze, affinché, quando arriva e bussa, gli aprano subito. Beati quei servi che il signore quando torna troverà svegli. In verità vi dico che si cingerà e li farà adagiare [a tavola], e si metterà a servirli. E se giungesse nella seconda, e se giungesse nella terza veglia, e li trovasse a fare così, beati quei servi! Capite questo: se il padrone di casa sapesse a quale ora viene il ladro, veglierebbe e non si lascerebbe scassinare la casa. Anche voi, dunque, siate pronti, perché, nell'ora che non sapete, viene il Figlio dell'uomo". Allora Pietro gli disse: "Signore, hai detto questa parabola per noi o per tutti?". Il Signore rispose: "Chi è dunque l'amministratore fedele e sapiente, il cui signore lo metterà a capo dei suoi servi per dare loro il cibo a tempo debito? Beato quel servo il cui signore, arrivando, troverà ad agire così. Vi dico la verità: lo metterà a capo di tutti i suoi averi. Ma se quel servo cattivo dicesse in cuor suo: 'Il mio signore tarderà a venire', e cominciasse a picchiare i servi e le serve, a mangiare, a bere e a ubriacarsi, arriverà il signore di quel servo nel giorno in cui non lo aspetta e a nell'ora che non sa, lo dividerà in due e gli darà la sua parte insieme agli infedeli".

Gloria al nostro Dio.

| [Ϯⲉⲛⲟⲩⲱϣⲧ ⲙ̄ⲙⲟⲕ ⲱ Ⲡⲭ̄ⲥ̄ ⲛⲉⲙ Ⲡⲉⲕⲓⲱⲧ ⲛ̄ⲁⲅⲁⲑⲟⲥ ⲛⲉⲙ Ⲡⲓⲡ̄ⲛ̄ⲁ̄ ⲉⲑ̄ⲩ̄ ϫⲉ ⲁⲕⲓ ⲁⲕⲥⲱϯ ⲙ̄ⲙⲟⲛ. Ⲛⲁⲓ ⲛⲁⲛ. | Ti adoriamo o Cristo, insieme al tuo Padre buono, e allo Spirito Santo, perché sei venuto[132] e ci hai salvati. Abbi pietà di noi.] |

✠ Con occhio misericordioso, Signore, guarda alla mia debolezza, poiché tra poco finirà la mia vita[133] e, con le mie opere, non ho salvezza. Perciò ti supplico: con occhio misericordioso, Signore, guarda alla mia povertà, e salvami.

| Δόξα Πατρὶ καὶ Υἱῷ καὶ Ἁγίῳ Πνεύματι. | Gloria al Padre, e al Figlio, e allo Spirito Santo. |

✠ Come se il Giudice fosse già presente, sta' attenta, anima mia, sii sobria e comprendi quell'ora terribile, poiché non c'è misericordia nel giudizio per chi non ha praticato la misericordia. Perciò risparmiami, o Salvatore, poiché tu solo sei Mairòmi.

| Καὶ νῦν καὶ ἀεὶ καὶ εἰς τοὺς αἰῶνας τῶν αἰώνων. Ἀμήν. | E ora e sempre, e nei secoli dei secoli. Amen. |

✠ Porta spirituale della vita, onorata Masnùti, salva dalle avversità coloro che si sono rifugiati presso di te con fede, affinché glorifichiamo il tuo parto santo in ogni momento, a motivo della salvezza delle nostre anime.

Poi si dicono i primi tre tropari di terza:
"Re celeste...", "Così come sei stato...", "Quando stiamo..." (p. 54).

Si recita Kýrie eléison *41 volte*

Santo, Santo, Santo (p. 37)

Padre nostro (p. 12)

Assoluzione

Sovrano, Signore Gesù Cristo, Figlio del Dio vivente ed eterno, illumina la nostra mente spirituale, affinché comprendiamo le tue parole di vita. Ci farai risorgere dalla tenebra del peccato mortifero per l'anima. Rendici degni di essere retti nel fare il bene. E nell'ora della tua venuta per giudicare il mondo, rendici degni di sentire quella voce piena di gioia che dice: "Venite a me, benedetti del Padre mio. Ereditate il Regno preparato per voi fin dalla fondazione del mondo". Sì, Signore, rendici retti, affinché in quell'ora possiamo essere senza timore, determinati e saldi. E non ci svergognare a causa della moltitudine dei nostri peccati. Poiché tu solo sei compassionevole e longanime, ricco di misericordia. Per le intercessioni della Signora e Sovrana di noi tutti, la santa Theotókos, Santa Maria, con tutto il coro dei tuoi santi. Amen.

Ⲟⲩⲙⲉⲧⲣⲉϥϣⲉ ⲉⲃⲟⲗ ⲛⲓⲟⲩⲏⲃ
PREGHIERA DI ASSOLUZIONE PER I SACERDOTI
(DOPO LA PREGHIERA DI MEZZANOTTE)

Ti supplichiamo e ti ringraziamo, Sovrano, Signore Gesù Cristo, Figlio del Dio vivente, l'Eterno. Tu che abiti nella luce, prima di tutti i secoli, Luce da Luce, illumina, Signore, la nostra mente spirituale e il nostro cuore, illumina la nostra intelligenza, affinché comprendiamo la tua parola vivificante. E facci risorgere dalla tenebra del peccato mortifero per l'anima.

Rendici degni di essere retti nel fare ciò che è bene e ciò che è buono, fino alla tua seconda e temibile parusìa nella quale giudicherai il mondo.

Fa' che possiamo essere degni di sentire quella voce piena di gioia, di esultanza, di consolazione, di benevolenza e di prosperità che dice, dalla tua bocca divina: "Venite a me, benedetti del Padre mio. Ereditate il Regno preparato per voi fin dalla fondazione del mondo". Sì, Signore, nostro Dio, in quel giorno e in quell'ora, rendici pronti a essere senza timore, immacolati, senza turbamento, saldi e determinati.

Signore, non trattarci secondo l'abbondanza delle nostre iniquità. Perdonaci, Signore, tutti i nostri peccati, le nostre cadute, i nostri errori e i nostri inciampi.

Allontana, Signore, da noi e da tutto il mondo, la morte, la carestia, la

Preghiera di assoluzione per i sacerdoti

devastazione, la distruzione, la cattività, la spada dei nemici, il consiglio dei demòni, il male degli incendi e dei naufragi, gli inganni degli empi, l'ingiustizia dei governanti e annienta la forza di chi ci avversa.

O Dio, tu sei il nostro Signore e il nostro Dio, abbi compassione di noi, non abbandonarci alla malattia e ai pericoli delle strade[134], ma spiana le nostre vie, coprici, e facci rialzare dal gemito, dalla tristezza, dalla noncuranza e dalla negligenza.

Non lasciare che il nemico e Satana ci facciano perdere la speranza[135], ma risveglia le nostre menti spirituali e scuoti i nostri cuori dal torpore del sonno[136] e dallo sprecare invano l'esistenza.

O Dio, perdona le nostre iniquità, perdonaci le nostre cadute, non ti ricordare dei nostri peccati, né dei nostri errori. Non ti adirare con noi. Impedisci che la tua ira duri in eterno.

Abbi pietà di noi, Signore, abbi pietà di noi, poiché noi siamo privi di forza, poveri e anneghiamo in mari di peccati. Ecco, a te gridiamo, a te ci prostriamo, te confessiamo e te desideriamo.

Non infrangere la nostra speranza, mio Signore, a motivo della tua misericordia, e non chiuderci la porta della tua misericordia. Ma, nella tua grazia, salvaci, raddrizza la nostra via secondo la tua misericordia, e facci udire la tua voce gioiosa.

O Dio, purifica noi e i nostri cuori dai consigli malvagi, cattivi e impuri. Signore, rendi inefficaci per noi i sogni, i fantasmi[137] e i pensieri demoniaci.

O Dio, rialzaci da ogni caduta e da ogni afflizione[138], rafforza in noi, o Dio, la sopportazione, la speranza, l'amore e la fede ortodossa. Annoveraci con le pecore della tua destra.

Facci sedere con i commensali del tuo banchetto celeste. Perdonaci ogni iniquità, ogni peccato, ogni errore.

Circondaci con le schiere dei tuoi angeli luminosi, poiché non abbiamo salvezza se non per la tua misericordia. Poiché ci affidiamo a te, crediamo in

Preghiera di assoluzione per i sacerdoti

te e speriamo in te.

Accogli da parte nostra, Signore, la nostra preghiera ora e in ogni tempo.

Ricordati, Signore, di noi e di tutti quelli che ci hanno chiesto di ricordarli nelle suppliche, nelle liturgie, nelle preghiere e nelle commemorazioni, sia dei vivi che dei morti[139]. Dona loro cose buone[140] nella Gerusalemme celeste, nel Regno dei cieli, e sulla terra.

Cancella, o Dio, i nostri peccati e quelli di coloro che hanno peccato contro di noi. Perdona a loro e a noi, su tuo comando.

Signore, salva tutte le nostre anime. Signore, salva il tuo popolo, benedici la tua eredità. Pascili e sii con loro in eterno.

Salva coloro che si trovano nelle angosce, nelle tribolazioni, nelle avversità. Libera gli incatenati dai lacci dei demòni. Sazia[141] di beni gli affamati. Incoraggia gli insicuri e i pusillanimi.

Rialza chi cade, rafforza chi è in piedi, fa' ritornare chi si è smarrito, predisponi il nutrimento delle vedove e degli orfani, vieni in aiuto di chi è nel bisogno. Concedi benedizione ai frutti della terra, mitezza al tempo[142], crescita agli alberi. Fai risalire le acque del Fiume[143].

Benedici la rugiada e le piogge. Dona il necessario ai bisognosi. Aiuta i debitori a ripagare i loro debiti. Riunisci coloro che sono separati. Accogli la conversione di coloro che si convertono. Accogli la confessione di coloro che confessano. Dona intelligenza ai catecumeni[144].

Giudica, Signore, a favore di coloro che subiscono ingiustizie.

Colma il nostro cuore di gioia, di esultanza, di consolazione, di letizia e di prosperità, affinché, avendo ottenuto il necessario in ogni cosa, cresciamo nelle opere buone a te gradite.

Benedici, Signore, il grano con benedizioni celesti. Benedici, Signore, quest'anno con la tua bontà.

Benedici colui che semina, colui che coltiva, colui che pianta e colui che raccoglie, come quando hai benedetto il grano dei figli di Israele nel sesto

Preghiera di assoluzione per i sacerdoti

anno.

Benedici, Signore, questa nostra assemblea e tutte le assemblee dei popoli ortodossi.

Conserva per noi la vita e la salute del nostro padre, il Patriarca abba (...), sommo sacerdote di questo tempo, e salvalo, Signore, e salva il suo popolo dai mali, dalle tentazioni e dalle angosce, e così anche i suoi consoci nel servizio apostolico, i nostri padri presbiteri, i nostri fratelli diaconi, i nostri padri igùmeni, i nostri padri metropoliti, i nostri padri vescovi, i nostri padri monaci[145], i nostri fratelli laici del popolo.

E coloro che sono venuti, hanno presenziato e hanno partecipato insieme a noi a questa preghiera e a tutte le preghiere ortodosse, ora, ti chiediamo perdono per i loro peccati e misericordia per le loro anime, benedici noi e loro, assolvici insieme a loro, perdonaci i nostri peccati insieme ai loro peccati, i passati e i futuri, quelli nostri e quelli non nostri, quelli commessi di giorno e quelli commessi di notte, quelli manifesti e quelli nascosti.

Signore, fa' che vengano costruiti nuovi luoghi di adunanza, insieme a nuove sante chiese. Dona continuità ai monasteri ortodossi e lunga vita agli anziani che vi abitano, ai loro diaconi, ai loro amministratori e a coloro che vivono in essi[146]. Metti tra di loro speranza, pace, amore, armonia. Umilia il nemico malvagio sotto i nostri e i loro piedi. Fa' che egli non abbia su di noi alcun potere, né con la tentazione di sinistra né con quella di destra[147]. Custodiscili con la tua mano elevata e con il tuo braccio forte.

Salvaci, Signore, dalle cattive tentazioni e dalle trappole preparate [contro di noi], sia quelle visibili che quelle invisibili. Ricordati, Signore, dei nostri padri e delle nostre madri, dei nostri fratelli e delle nostre sorelle, dei nostri familiari e dei nostri parenti, dei nostri maestri, dei nostri figli spirituali e carnali, di tutti i battezzati[148].

Ricordati, Signore, di coloro che hanno faticato in comunione con noi.

Ricordati, Signore, di coloro per mezzo della cui fatica e del cui lavoro abbiamo potuto mangiare e bere, di coloro che ci hanno ospitato in casa loro[149] e ci hanno aiutato.

Ricompensali, Signore, donando loro le cose imperiture in cambio di quelle che periscono[150], le cose celesti in cambio di quelle terrestri.

Ricolma le loro case e le loro dispense di tutte le grazie.

Ricompensali, Signore, ricompensa il trenta, il sessanta e il cento per uno, e con il perdono dei loro peccati nel Regno dei cieli.

Ricordati, Signore, di coloro che ci hanno fatto del bene e dei nostri fratelli poveri. Dona loro cose buone, in tutte le forme possibili, per l'amore che è in te e in onore del tuo santo nome. Benedicili.

Ricordati, Signore, di coloro che si prendono cura dei sacrifici, delle offerte, del vino, dell'olio, delle primizie, dell'incenso, dei veli, dei doni, dei libri liturgici e di tutti i vasi dell'altare.

Dona loro, Signore, in ricompensa dei loro doni, il perdono dei loro peccati. Concedi loro in questo mondo una vita prospera e, nel mondo futuro, la vita eterna.

Ricordati, Signore, dei nostri padri e dei nostri fratelli che ci hanno preceduti nel sonno, sono morti e si sono riposati nella fede retta in Cristo. Signore, dona riposo a tutte le loro anime nel seno dei nostri santi padri Abramo, Isacco e Giacobbe, nella terra dei viventi, nel Paradiso della gioia.

Quanto a noi vivi, aiutaci nella salvezza delle nostre anime e guida[151] la nostra vita secondo la tua volontà che è buona.

Degnati, Signore, di ricordarti della mia debolezza, della mia umiliazione e della mia piccolezza, io, peccatore che fatica, io che non sono degno di stare in piedi tra le tue mani. Non abbandonarmi a causa dell'abbondanza dei miei peccati e delle mie macchie.

Innalza, Signore, il corno di salvezza per il tuo popolo, con il segno della tua Croce vivificante.

Preghiera di assoluzione per i sacerdoti

Donaci la tua salvezza, Signore, nell'avversità, e il tuo aiuto nell'angoscia e nell'umiliazione. Salvaci, Signore, e salva tutti coloro che sono in difficoltà. Guarisci i malati del tuo popolo.

Il tuo popolo cristiano, Signore, che è presente con noi e che non è presente con noi, sia benedetto e perdonato dalla tua bocca divina, da Oriente fino a Occidente, e da sinistra fino a destra.

Accoglici come hai accolto il ladrone di destra sul legno della Croce concedendogli la grazia del Paradiso della gioia.

Ricordati, Signore, degli orfani, delle vedove, degli anatemizzati[152], dei malati, di coloro che non hanno nessuno che li ricordi. Ricordati, Signore, di noi insieme a loro nella Gerusalemme celeste.

Ricordati, Signore, di coloro che stanno in piedi e dei paralitici, degli afflitti, di chi è rigettato, di chi è in viaggio all'estero per terra, per mare, per dirupi, per il deserto, per wādī, per strade, attraverso cime dei monti, colline e gole.

Coloro che sono nelle prigioni, ai lavori forzati[153], in cattività, in esilio, i prigionieri e coloro che sono incatenati dai ceppi delle potenze e dei demòni, falli ritornare e conducili tutti al porto [della salvezza], sani e salvi, vittoriosi, trionfanti, avvantaggiati, guariti nell'anima, nel corpo e nello spirito.

Mio Signore Gesù Cristo, che questa nostra preghiera sia gradita al tuo cospetto, senza ipocrisia, senza arroganza, senza superbia, senza orgoglio e senza vergogna.

Aiutaci, o Dio, a esserti graditi. Aiutaci ad agire secondo i tuoi comandamenti. Aiutaci nel momento della nostra agonia[154], prima della morte e dopo la morte, poiché tu sei un Dio buono, longanime e di grande misericordia e compassione.

O Dio, mantieni aperta per noi la porta della tua Chiesa per i secoli eterni, in ogni tempo e fino alla fine di tutti i tempi.

Preghiera di assoluzione per i sacerdoti

Abbi pietà di noi, o Dio, secondo la tua grande misericordia, per le intercessioni di colei che intercede, la perla di purezza e di benedizione, la piena di onore, la Sovrana di noi tutti, il vanto del genere umano, la Vergine casta e pura Maria; dell'onorato martire ed evangelista, Marco, apostolo ed evangelizzatore dei territori[155] egiziani; e di tutti gli angeli, dei patriarchi, dei profeti, degli apostoli, dei martiri, dei santi, dei giusti, degli asceti, dei vittoriosi, dei lottatori e di coloro che sono stati graditi al Signore nelle loro opere buone, da Adamo fino alla fine dei secoli.

Ti adoriamo, o Santa Trinità, Padre e Figlio e Spirito Santo, ora e sempre, e nei secoli dei secoli. Amen.

¹ O.H.E. Khs-Burmester, *The Horologion of the Egyptian Church*, Centro Francescano di Studi Orientali Cristiani, Il Cairo 1973.

² Paul de Lagarde, *Psalterii versio memphitica*, W. F. Kaestner Editore, Göttingen 1875.

³ Rūfā'īl al-Ṭūḫī, Ⲟⲩϫⲱⲙ ⲛ̀ⲧⲉ ⲛⲓⲉⲩⲭⲏ ⲙ̀ⲡⲓⲉϩⲟⲟⲩ ⲛⲉⲙ ⲡⲓⲉϫⲱⲣϩ ⲛ̀ⲍ, Congregazione "de Propaganda Fide", Roma 1750.

⁴ George William Horner, *The Coptic Version of the New Testament in the Northern Dialect*, Clarendon Press, Oxford 1898.

⁵ Così il verbo copto ϯⲁⲕⲟ. Cf. la traduzione BOH di Rm 8,32 e Rm 11,21.

⁶ Il testo BOH usa il termine greco ἡγεμονικόν di difficile traduzione. Le due principali accezioni del termine sono "pronto a condurre e guidare" e "capace di comandare, di dominare, autorevole, autoritario, sovrano". Le due accezioni, ovviamente, possono coesistere, come si legge in Gregorio di Nissa secondo cui con "guida" qui bisogna intendere "la sua funzione di signoreggiare" (cf. *Contra Eunomium*, II, 197). Ciò rende difficile scegliere un unico termine italiano soddisfacente.

⁷ Lett.: "Facci glorificarti con una buona glorificazione"

⁸ Ⲁⲙⲟⲛⲓ vuol dire anche "possedere", "tenere in pugno".

⁹ Lett.: ⲁⲕⲟⲩⲉⲥⲧⲟⲩⲛⲧ, "mi hai fatto largo".

¹⁰ Lett.: "metterò questi consigli". Il senso è chiarito dall'ebraico: "avere pensieri ansiosi", "provare affanno".

¹¹ Il testo dice ⲁⲩϣⲁⲓ ⲛ̀ϫⲉ ⲛⲟⲩϣⲱⲛⲓ "si sono moltiplicate le loro infermità". C'è chi interpreta le "infermità" come riferite ai santi del verso precedente ma il contesto successivo ci sembra suggerire un cambio di soggetto. Le "infermità" sarebbero, dunque, riferite ai pagani.

¹² Probabilmente è da intendersi: "si sono affrettati a riunirsi per le loro pratiche di sangue", a cui si fa riferimento nel verso successivo.

¹³ Altra traduzione può essere: "Porzione della mia eredità e del mio calice", come traduce la LXX, ovvero con un genitivo esplicito.

¹⁴ Altra traduzione possibile: "in mezzo ai forti". Con "corde" qui si intendono le corde utilizzate dai geometri per misurare o segnare i confini dei terreni: dunque indicano la porzione che spetta a qualcuno.

¹⁵ Il termine ⲁⲧⲕⲁⲕⲱⲥ è la traduzione del greco ἄκακος e indica letteralmente una persona che non conosce il male. Il sostantivo astratto ⲁⲧⲕⲁⲕⲓⲁ ricorre frequentemente nei salmi. È tradotto di solito nelle lingue occidentali con "innocente"

o "semplice", nel senso di chi non ha compiuto il male o di chi non lo conosce. Abbiamo preferito tradurre sempre "innocente".

[16] Il termine copto ⲟⲩϫⲁⲓ è molto ricco e può significare "salvezza", "sicurezza", "guarigione". Nel NT BOH è usato due volte in riferimento alla guarigione. Nei monasteri egiziani, i monaci anziani lo usano talvolta come saluto, ed è simile etimologicamente al "salve" latino.

[17] "Pusillanime" rende alla lettera il copto ϫⲁⲃⲓ ϩⲏⲧ "debole di cuore".

[18] Il termine copto ϫⲓⲛⲱⲛϧ, qui al plurale, traduce alla lettera il plurale greco ζωάς. Le traduzioni della LXX variano molto in questo punto. La stessa ambiguità è trasportata in copto.

[19] Ⲙⲁ ϩⲑⲏⲕ ⲉⲧⲁⲃⲟⲏⲑⲓⲁ, lett. "dedicati ad aiutarmi, datti pena e aiutami, presta attenzione al mio aiuto".

[20] Si è preferito tradurre in italiano il termine copto ⲥⲁϫⲓ, che a sua volta rende il greco Λόγος, per mantenere la scelta del traduttore copto che non riporta "Logos", ma lo traduce con un termine che indica semplicemente: "Parola". Poiché nell'incipit del Vangelo di Giovanni ⲥⲁϫⲓ/Parola è riferito a Cristo, abbiamo preferito usare il maschile laddove ci si sarebbe aspettati una concordanza al femminile (Egli era dal principio..., ecc.). D'altronde lo stesso problema si presenta con il verso 9 e 10 dove, in italiano, alla "luce" del v. 9, segue il pronome maschile "egli" del v. 10. È interessante che, per entrambi i termini (parola e luce), il problema di genere non si pone in copto, dal momento che sia ⲥⲁϫⲓ (come in greco "Logos"), sia ⲟⲩⲱⲓⲛⲓ ("luce") sono di genere maschile.

[21] Questa frase, "sei venuto", cambia a seconda del tempo liturgico. Nel tempo annuale è: "sei venuto". Per la festa della Resurrezione, per la santa cinquantina pasquale e per le domeniche è: "sei risorto". Per le feste della Croce e per la settimana di Pascha è: "sei stato crocifisso". Per la Natività è: "sei nato". Per la Teofania è: "sei stato battezzato".

[22] Nell'espressione ἐν ἀνθρώποις εὐδοκίας (Lc 2,14), il copto legge la variante molto diffusa εὐδοκία (ⲟⲩϯⲙⲁϯ). Da qui il senso che tra gli uomini prevalga il compiacimento di Dio verso di loro.

[23] Ⲭⲉⲣⲉ è la resa fonetica copta del greco χαῖρε che è, a sua volta, l'imperativo presente di χαίρω "gioire". Nel NT è usato in due occasioni: al momento dell'Annunciazione (Lc 1,28) e durante la Passione (cf. Mt 26,49; Mt 27,29; Mc 15,18; Gv 19.3). Tuttavia, in greco, χαῖρε è usato anche come forma comune di saluto nella quale il senso originario "gioire" diventa soltanto etimologico. Altrimenti, dovremmo supporre che Giuda, al momento dell'arresto del Signore Gesù nel Getsemani, gli abbia detto: "Gioisci, Rabbi!" (Mt 26,49)! In copto è stato recepito quest'uso. È vero anche che qui nell'Agpia lo si usa in riferimento alla Vergine, e dunque "gioisci" potrebbe essere una traduzione possibile. L'uso costante della preposizione ⲛⲉ "a te", dopo ⲭⲉⲣⲉ, fa supporre, tuttavia, che si tratti di un saluto, corrispondente al latino "ave" o "salve".

[24] Lett. "salutiamo il vanto".

²⁵ Ⲟⲩⲟⲓⲕⲟⲛⲟⲙⲓⲁ ⲉⲛⲁⲛⲉⲥ.

²⁶ Il testo ha ⲡⲓϣⲁⲓ. Anche il manoscritto del XX sec. studiato da Burmester (p. 134) riporta "festa". Il testo greco ha ἐπαγγελία "promessa" e l'arabo traduce موعد, cioè "promessa". Non si può dire esattamente perché il copto abbia "festa". Un'ipotesi è la similitudine del termine ϣⲁⲓ con il termine ⲱϣ "promessa".

²⁷ Παρεμβολή, lett.: "accampamento".

²⁸ "L'unità della fede" manca nell'edizione di MK ma è evidente l'errore tipografico ("l'unità [lacuna] della tua gloria"?). Il testo corretto è tratto da Burmester (p. 135).

²⁹ In greco ἀπρόσιτος "inaccessibile", "inavvicinabile".

³⁰ Ⲥⲉⲕⲉⲛⲓⲱⲟⲩⲧ ⲛⲁϥ, lett.: "sono grassi per lui".

³¹ Cf. nota 15.

³² Ϣⲟⲩⲓⲧ "vuoto, vano, vacuo, futile".

³³ L'"unicorno", ovvero l'animale che possiede un unico corno, come ad esempio il bufalo, è simbolo di potenza.

³⁴ Il senso generale è: "Che senso ha vivere per me?". Tuttavia, per alcuni commentatori biblici, tra cui Ecumenio, in questo passo a parlare è Cristo il cui sangue versato sulla Croce non può salvare coloro che rifiutano ostinatamente la salvezza.

³⁵ La LXX ha qui ἐκ πασῶν τῶν παροικιῶν μου. Il termine παροικία, nel linguaggio della LXX e del NT, ha il più delle volte il senso di esilio. Bisogna, dunque, intendere qui "abitazioni in terra straniera", "esìli".

³⁶ Lett.: "Si mangeranno il cuore".

³⁷ Oltre ad apparire in questo punto dei salmi, Crum (123a) segnala che il verbo ⲕⲁϯ con il suffisso avverbiale ⲉϫⲉⲛ lo si ritrova anche in Dn 11,37, dove sembra significare "darsi pensiero", "curarsi". Non ci sembra di aver trovato altre occorrenze. Il termine BOH sembra essere un calco del greco: συνίων ἐπὶ, dove il verbo συνίημι può significare, tra le altre cose, "capire". È questa accezione che il BOH traduce (ⲕⲁϯ). Il problema di traduzione è dovuto al fatto che anche l'espressione greca non è comune. Il dizionario Strong, facendo riferimento a Mc 6,52 (οὐ γὰρ συνῆκαν ἐπὶ τοῖς ἄρτοις), afferma che "i pani sono alla base del loro [dei discepoli] ragionamento". L'espressione avrebbe dunque il senso di comprendere qualcosa a partire da una percezione reale. La versione SAʿ traduce ϯ ϩⲏⲧ "interessarsi, prendersi cura".

³⁸ Frase di difficile interpretazione. Il "rovesciare il letto" può indicare diverse cose: l'assistenza di Dio durante la malattia (come se Dio "rovesciasse" il letto per rifarlo), oppure il sopraggiungere della fine della malattia (il rovesciare il letto come segno dell'avvenuta guarigione).

³⁹ Ⲟⲩⲥⲁϧ ⲉϥϣⲉⲡϣⲱⲡ ⲛⲥϧⲁⲓ, lett. "scriba dalla scrittura acuta". Può avere sia il senso di uno stile elegante che di una bella grafia.

⁴⁰ Στακτή, lett.: "olio di mirra". Lo "stacte", talvolta tradotto con "storace", è una resina speciale usata per l'incenso menzionata in Es 30,34.

⁴¹ Il toponimo Esebon, che rappresenta la variante copta più comune, è ben attestato nel codice vaticano e sinaitico della LXX. Si tratta della capitale del regno degli amorrei, il cui temibile re Sicon fu ucciso dagli ebrei (cf. Nm 21,21-35). La resa in arabo "la gloria

della figlia del re è tutta interiore", che è la più nota attualmente nella Chiesa copta, si rifà alla variante greca più comune: ἔσωθεν (dall'ebraico פְּנִימָה). Purtroppo l'edizione di MK non si attiene al testo a fronte in copto che riporta "di Esebon", e traduce in arabo "è dall'interno".

⁴² Ma anche "ha purificato".

⁴³ Il verbo copto ⲥⲣⲱϥⲧ e quello greco che è sullo sfondo σχολάζω potrebbero essere tradotti anche con "siate nella quiete". Sembrano essere legati all' "ozio", al "tempo libero", al "non essere occupati" e al "non fare nulla". In termini moderni, si potrebbe tradurre qui: "rilassatevi!", dove il senso è "al comando ci sono io, Dio, e non voi". Un comando divino da tenere a mente...

⁴⁴ Cf. nota 21.

⁴⁵ Nel testo di MK manca qui ⲟⲩⲡ̅ⲛ̅ⲁ̅ ⲉϥⲥⲟⲩⲧⲱⲛ ⲟⲩⲟϩ ⲛ̄ⲣⲉϥⲧⲁⲛϧⲟ "uno spirito retto e vivificante" che abbiamo recuperato dal Burmester. La frase manca del verbo.

⁴⁶ Nella prima edizione, avevamo tradotto "spirito", riferendolo a un generico spirito. A ben vedere, tuttavia, il testo, mancante qui di verbo, continua a riferirsi allo Spirito Santo per il quale si supplica Cristo. A nostro avviso, dunque, l'"avere potere su ogni cosa" è da riferirsi qui allo Spirito e non, come viene tradotto normalmente sia in arabo che in altre lingue, a Cristo. Con "colui che illumina le nostre anime" il troparia riprende la supplica rivolta a Cristo.

⁴⁷ Il copto riporta ⲡⲧⲏⲣϥ che traduce il greco τὰ πάντα ovvero "il Tutto" (e non semplicemente "ogni cosa"), indicando tutta la creazione visibile e invisibile.

⁴⁸ La parte tra parentesi quadre manca in copto, sia in MK che nell'edizione del Burmester, ma è normalmente recitata in arabo nell'attuale pratica dell'Agpia.

⁴⁹ Lett.: "ha guardato i miei nemici".

⁵⁰ Lett. ⲉⲓⲉϭⲓ ϧⲏⲓⲃⲓ ϧⲁ ⲧⲥⲕⲉⲡⲏ ⲛ̄ⲧⲉ ⲛⲉⲕⲧⲉⲛϩ "mi metterò all'ombra della protezione delle tue ali".

⁵¹ Cf. nota 18.

⁵² Ⲙⲁ ϩⲑⲏⲕ ⲉⲧⲁⲃⲟⲏⲑⲓⲁ, lett. "dedicati ad aiutarmi, datti pena e aiutami, presta attenzione al mio aiuto".

⁵³ Αἰχμαλωσία significa letteralmente "cattività".

⁵⁴ Il senso potrebbe essere (forse): "Il tale e il talaltro sono nati in lei".

⁵⁵ Ⲛ̄ⲛⲉⲕⲉⲣϩⲟϯ ⲉⲃⲟⲗ ϩⲁ ⲟⲩϩⲟϯ ⲛ̄ⲧⲉ ⲡⲓⲉϫⲱⲣϩ, lett.: "Non temerai un timore della notte". È interessante che, dal momento che ϩⲟϯ in copto vuol dire anche "ora", la frase può essere anche resa: "Non avrai timore delle ore notturne".

⁵⁶ Cf. nota 21

⁵⁷ Il copto ha ⲧⲉⲕⲙⲟⲣⲫⲏ, lett. "il tuo aspetto, la tua forma". Il greco ha qui: τὴν ἄχραντον εἰκόνα σου "la tua icona immacolata". Il termine μορφή appare solo tre volte nel NT: una volta indicando l'aspetto diverso del Cristo dopo la Resurrezione ("si manifestò sotto altra forma", Mc 16,12), una volta indicando la natura intima di Cristo ("essendo in forma di Dio", Fil 2,6) e una volta indicando la kénosi dell'incarnazione ("assumendo la forma di servo", Fil 2,7). Il termine copto, dunque, vuole

probabilmente indicare qui "la tua persona nell'unica natura composita di Dio-uomo", ovvero "ti adoriamo così come tu ci sei apparso".

⁵⁸ Cf. nota 47.

⁵⁹ Il testo masoretico e i testimoni più importanti della LXX non hanno l'aggiunta "da un Legno". Alcuni manoscritti greci riporterebbero l'aggiunta ἀπὸ τοῦ ξύλου. È a questi manoscritti che il copto fa riferimento. Si tratta, in ogni caso, di una variante molto antica e molto diffusa, soprattutto nella Chiesa occidentale, conosciuta già da Giustino nel II secolo (cf. *Dialogo con Trifone*, 73,1), ma anche da Tertulliano (cf. *Contro i giudei*, 10,11), e da Agostino (*Commento al Salmo 95*), oltre che dallo *Psalterium Romanum* e dall'inno *Vexilla Regis*. Per noi cristiani è una chiara allusione al Legno della Croce dove Cristo ha regnato sulla morte.

⁶⁰ In greco καὶ συνήσω ἐν ὁδῷ ἀμώμῳ. Il copto ricalca esattamente il greco: ⲟⲩⲟϩ ⲛ̅ⲧⲁⲕⲁϯ ϧⲉⲛ ⲟⲩⲙⲱⲓⲧ ⲛ̅ⲁⲧⲁϭⲛⲓ. La preposizione ἐν/ϧⲉⲛ è da considerare come unita a ὁδῷ/ⲟⲩⲙⲱⲓⲧ, con il senso di "nel mentre io percorro", come si evince dall'ebraico.

⁶¹ Lett.: ⲉϥⲕⲟⲗϫ "aggrovigliato", "contorto".

⁶² Il copto traduce alla lettera il termine della LXX πτώματα "cadute" che, però, in greco vuol dire anche "morti" o "cadaveri".

⁶³ ⲟⲩⲱϣⲥ termine di difficile traduzione: "essere al largo", "essere aperti", "essere espansi", "essere a proprio agio".

⁶⁴ Cf. nota 49.

⁶⁵ ⲁⲓⲉⲣ ⲁⲅⲁⲡⲁⲛ ϫⲉ ϥⲛⲁⲥⲱⲧⲉⲙ ⲛ̅ϫⲉ Ⲡϭⲟⲓⲥ ⲉⲧⲥⲙⲏ ⲛ̅ⲧⲉ ⲡⲁϯ ϩⲟ. Il copto segue il greco ἠγάπησα ὅτι εἰσακούσεται κύριος τῆς φωνῆς τῆς δεήσεώς μου. La traduzione "Ho amato perché il Signore ascolterà..." appare poco probabile. La traduzione SAʿ del salmo sembra chiarire il senso di ϫⲉ: ⲁⲓⲙⲉⲣⲉ ⲡⲁⲓ ϫⲉ ⲡϫⲟⲉⲓⲥ ⲛⲁⲥⲱⲧⲙ ⲉⲡⲉϩⲣⲟⲟⲩ ⲙ̅ⲡⲁⲥⲟⲡⲥ "Ho amato questo: (ovvero) che il Signore ascolterà la voce della mia supplica".

⁶⁶ Anche se in copto gli articoli sono indeterminativi, è evidente il calco sul greco che omette del tutto degli articoli, pur intendendo un oggetto determinato.

⁶⁷ Cf. nota 21

⁶⁸ L'arabo aggiunge بقيامتك "per mezzo della tua resurrezione", mancante in copto.

⁶⁹ Cf. nota 47.

⁷⁰ Alcuni rari manoscritti, a cui MK fa riferimento, omettono "della passione".

⁷¹ Il testo copto e quello arabo di MK si fermano qui, così come la famosa edizione di Rūfāʾīl al-Ṭūḫī del 1750. Edizioni successive a quelle di al-Ṭūḫī aggiungono qui un altro brano, di provenienza ignota, e che esiste soltanto in arabo. È significativo che i curatori dell'edizione del 1975 non conoscano questo brano (o hanno dimenticato di inserirlo?) e, pertanto, non si sentono in dovere di tradurlo all'indietro, dall'arabo al copto.

⁷² Il testo arabo aggiunto è tratto da una Agpia manoscritta del XIX sec. custodita nel Monastero di San Macario.

⁷³ Cf. nota 49.

⁷⁴ In copto c'è un gioco di parole tra ⲁⲩϯ ⲧⲟⲧⲟⲩ ⲙ̅ⲙⲟⲓ "mi hanno dato una mano" nel senso di "dare una spinta" e ⲁϥϯ ⲧⲟⲧ "ha dato una mano" nel senso di "aiutare".

⁷⁵ Ⲁϥϣⲱⲡⲓ ⲛⲏⲓ ⲉⲩⲥⲱⲧⲏⲣⲓⲁ traduce, con una preposizione ⲉ con senso finale, il greco ἐγένετό μοι εἰς σωτηρίαν. La maggior parte delle traduzioni della LXX rendono la frase con "sei divenuto per me salvezza" e affini. Tuttavia, preferiamo tradurre con un senso finale il termine "salvezza".

⁷⁶ Il termine copto ⲥⲃⲱ, ripetuto qui due volte, indica sia "insegnamento" che "castigo".

⁷⁷ Il verbo è al singolare perché il soggetto è unico "Dio e il Signore", ovvero "Il Signore Dio".

⁷⁸ Cf. nota 35.

⁷⁹ Ϩⲓ ⲫⲁⲓ ⲉⲫⲁⲓ cf. At 1,15 (= ἐπὶ τὸ αὐτό).

⁸⁰ Cf. nota 53.

⁸¹ Ϭⲉⲛ ⲑⲏⲛⲟⲩ, qui, è da intendere, a nostro avviso, come coordinato con ⲉϣⲉⲣⲡ ⲑⲏⲛⲟⲩ che lo precede, e non come un imperativo, come invece lo traducono l'Agpia di al-Ṭūḫī (قوموا) e il suo salterio copto-arabo (انهضوا).

⁸² Ⲉϣⲱⲡ ⲁϥϣⲁⲛϯ ⲛ̅ⲟⲩⲉⲛⲕⲟⲧ. Il senso è: "se non è lui a dare il sonno... fate queste cose invano".

⁸³ Ⲫⲃⲉⲭⲉ ⲙ̅ⲡⲟⲩⲧⲁϩ ⲛ̅ⲧⲉ ⲑⲛⲉϫⲓ, lett. "salario del frutto del ventre".

⁸⁴ Cf. nota 21

⁸⁵ Cf. Mt 20,1-15.

⁸⁶ Lett.: "nel grembo ⲕⲉⲛ della paternità".

⁸⁷ È chiaro il riferimento al figliol prodigo (cf. Lc 15,13). Ⲙⲉⲧϣⲛⲁ significa letteralmente "intemperanza".

⁸⁸ C'è un gioco di parole tra la vita che "ho sperperato" (ⲁⲓⲙⲟⲩⲛⲕ) e la misericordia "inesauribile" (ⲁⲑⲙⲟⲩⲛⲕ).

⁸⁹ Nel testo c'è qui un incomprensibile ⲛ̅ⲥⲙⲏⲓ: "aiuti la voce"? Purtroppo non si può controllare sul Burmester perché questi tropari, così come appaiono oggi, risalgono al XIX sec. e sono andati a sostituire degli altri, che ora non si recitano più. Sappiamo, dall'introduzione all'edizione di MK, che questi tropari sono stati tradotti all'inverso, dall'arabo verso il copto, dal momento che non sono stati ritrovati nei testi manoscritti in lingua copta o bilingui copto-arabi.

⁹⁰ Lett.: ⲁⲕⲁⲓⲧⲉⲛ ⲛ̅ϩⲩⲥⲟⲥ ⲉⲛⲁⲩ ⲉⲡⲓⲟⲩⲱⲓⲛⲓ "hai reso noi uguali di vedere la luce". Il riferimento è evidentemente ancora agli operai dell'undicesima ora trattati come quelli della prima (cf. Mt 20,12 BOH: ⲁⲕⲁⲓⲧⲟⲩ ⲛ̅ϩⲩⲥⲟⲥ ⲛⲉⲙⲁⲛ; cf. anche nota 85). È il segno della grazia misericordiosa di Dio. "Ci hai resi degni", come viene normalmente tradotto in arabo e in altre lingue, è una traduzione che, non solo non ha riscontro nel copto, ma che fa perdere il riferimento scritturistico.

⁹¹ Il termine copto ⲕⲟⲧⲥ indica sia "tortuosità", quindi ambiguità, che "malizia".

⁹² Il termine φαντασία è usato nella letteratura ascetica, soprattutto da Sant'Atanasio nella *Vita Antonii*, per indicare le apparizioni demoniache.

⁹³ Il termine "compieta", diffuso in ambito occidentale, andrebbe evitato per la liturgia delle ore copta, al fine di conservare una coerenza terminologica. "Compieta", infatti, deriva dal latino *completorium* e indica l'ultima preghiera che "completa", appunto, la giornata. Nel testo copto si parla esplicitamente di "sonno", cioè di una preghiera strettamente legata al momento precedente il riposo notturno. Andrebbe, dunque, evitata anche l'espressione "dodicesima ora", talvolta utilizzata in alcune Agpie in arabo, dal momento che questo titolo non appare né nel testo di Maktabat al-Kārūz né nei manoscritti che abbiamo potuto consultare.

⁹⁴ Lett.: "dalla veglia del mattino". Il termine ⲁⲣⲉϩ è legato ai turni di veglia delle sentinelle.

⁹⁵ Il verso non è di immediata traduzione. Il copto diverge dalla LXX soltanto per l'espressione ⲁⲥϭⲓⲥⲓ ⲛ̄ⲧⲁⲥⲙⲏ "la mia voce si è alzata", mentre la LXX ha ὕψωσα τὴν ψυχήν μου "ho innalzato l'anima mia".

⁹⁶ ϩⲓ ⲟⲩⲙⲁ, lett. "in un posto". Con quest'espressione è stato reso ἐπὶ τὸ αὐτὸ di 1Cor 11,20, con il senso di "insieme".

⁹⁷ Il verbo copto ⲫⲱⲛ ⲉⲃⲟⲗ fa riferimento a uno "scorrere" e in vari passi biblici (cf. Gn 9,6; Ez 22,13) è esplicitamente usato riferito al sangue (cf. Crum 263b = "to pour out"). Burmester, nella traduzione dell'Agpia, traduce "svuotate, svuotate" riprendendo probabilmente il greco ἐκκενοῦτε ἐκκενοῦτε. Tuttavia, va detto che il dizionario Crum dà come possibile traduzione anche "to pour away" che significa "svuotare qualcosa [del liquido contenuto in esso]". Perché il copto usi un verbo riferito a un liquido, parlando di Gerusalemme, resta un mistero.

⁹⁸ ⲛⲏ ⲉⲧ ϣⲟⲡ. Questa variante, che diverge dal greco τὰ ὑψηλὰ "le cose eccelse", la ritroviamo in ms. copti importanti.

⁹⁹ Lett.: ⲟⲩⲟϩ ⲙ̄ⲙⲟⲛ ⲫⲏ ⲉⲧ ⲕⲱϯ ⲛ̄ⲥⲁ ⲧⲁⲯⲩⲭⲏ "e non c'è chi cerca della mia anima". Normalmente nei salmi l'espressione ⲕⲱϯ ⲛ̄ⲥⲁ ha un senso peggiorativo, soprattutto se seguito da ⲧⲁⲯⲩⲭⲏ, e indica un inseguire per divorare, per distruggere. Qui, invece, il senso sembra essere quello di "cercare" al fine di "prendersi cura".

¹⁰⁰ Letteralmente: "la benedizione".

¹⁰¹ Il testo copto riprende letteralmente l'espressione ebraica חֵלֶב חִטִּים "grasso di frumento" che, insieme al miele della roccia, costituiscono due alimenti tipici del regno messianico.

¹⁰² Cf. nota 21.

¹⁰³ ⲙⲉⲧⲁⲙⲉⲗⲏⲥ qui è composto da ⲙⲉⲧ- copto + ἀμελής greco.

¹⁰⁴ Il testo ha la terza persona singolare attiva ⲁϥϣⲁⲛϭⲱⲣⲡ ma manca il soggetto. Anche qualora si volesse ipotizzare "Dio" come soggetto, la presenza di "di fronte al vero Giudice" è indizio che ci troviamo probabilmente di fronte a un errore tipografico, per cui è più corretto ipotizzare il passivo ⲁⲩϣⲁⲛϭⲱⲣⲡ. Purtroppo non è possibile verificarlo, dal momento che i manoscritti copti non presentano questi tropari.

¹⁰⁵ ⲉⲃⲓⲏⲛ. Il testo copto di MK è corrotto, avendo ⲡⲓⲛⲉⲃⲏⲓ che vuol dire "padrone di casa" (sic!).

¹⁰⁶ In arabo qui appare "o Dio" che non si ritrova in copto.

¹⁰⁷ Lett. "in questo giorno".

¹⁰⁸ MK diverge in almeno quattro punti dall'edizione di Iqlādiyūs Labīb della Salmodia annuale (1908) che è usata da Burmester nella sua edizione dell'Agpia. Inoltre, nel primo punto diverge anche rispetto al testo greco bizantino (che però è in generale più sintetico rispetto alla versione copta). Si tratta di sviste o di ipercorrezioni che non trovano giustificazione alcuna. In questi punti, dunque, seguiamo il più affidabile Iqlādiyūs Labīb. 1. MK ha ⲙⲁⲣⲉϥϣⲱⲡⲓ ⲛ̀ϫⲉ ⲡⲉⲕⲣⲁⲛ "sia il tuo nome", a differenza delle altre versioni, greco compreso, che hanno "la tua misericordia" (ⲡⲉⲕⲛⲁⲓ/τὸ ἔλεός σου), forse per analogia con il Padre nostro ("sia fatto... il tuo nome"!); 2. MK riporta Ⲡ̅ⲟ̅ⲥ̅ ⲁⲕϣⲱⲡⲓ ⲛⲁⲛ ⲛ̀ⲟⲩⲙⲁⲙ̀ⲫⲱⲧ "Signore, sei divenuto per noi un rifugio". Gli altri testi consultati hanno tutti ϫⲉ ⲁⲕϣⲱⲡⲓ... "poiché sei divenuto..." (manca in greco); 3. in MK manca il verbo ⲉⲓⲣⲓ "di compiere" nell'espressione "insegnami a compiere la tua volontà", ma il verbo si ritrova nelle altre edizioni consultate (manca in greco); 4. i pronomi alla seconda persona singolare "cantare al *tuo* nome altissimo, proclamare la *tua* misericordia al mattino e la *tua* verità", così come appaiono nelle altre versioni (manca in greco), in MK sono tutti alla terza persona singolare "suo/sua".

¹⁰⁹ Questa preghiera è di origine siriaca e non è presente nei manoscritti copti più antichi. Nel manoscritto del XIII/XIV sec. usato da Burmester non la si ritrova. Pur tuttavia, va detto che il primo cenno al fatto che alcuni monaci di Scete praticassero questa preghiera risale a Ibn Kabar (XIV sec.). L'edizione italiana di Nicolotti la chiama "preghiera del velo", dove con "velo" si dovrebbe intendere il velo di tenebra che inaugura la notte, ed è la traduzione dell'arabo السِّتَار. Ci si chiede: se questo è il senso del termine arabo, qual è il ruolo della preghiera dei vespri che dovrebbe essere quello di segnare l'inizio della "tenebra" serale? La Diocesi di Milano ha deciso di chiamarla "preghiera della veglia". In realtà, il nome di questa preghiera in arabo è problematico, dal momento che è conosciuta anche come صلاة السِّتَار ovvero "preghiera del Protettore" (in arabo la vocalizzazione è il più delle volte non segnalata). Bisogna allora considerare l'origine siriaca di questa preghiera che in siriaco si chiama ܣܘܬܪܐ *sūtoro* e che indica "protezione". Questo è il nome con cui, nel rito siriaco, si indica la "preghiera di compieta", poiché essa prevede come salmo soltanto il 90, con il quale, alla fine del giorno, l'orante chiede di essere protetto "al riparo/sotto la protezione ܣܘܬܪܐ *sūtoro* dell'Altissimo" prima di congedarsi dal giorno e dormire. Il termine usato dalla traduzione siriaca è simile a quello usato dal salmo ebraico: סֵתֶר. Dunque l'arabo usa un termine che è foneticamente vicino al siriaco e all'ebraico ma la cui vocalizzazione è ambigua: ستار (velo/protettore). Questo termine, a sua volta, è molto vicino a سِتْر che è la traduzione letterale del siriaco ܣܘܬܪܐ, ovvero "protezione". Tuttavia, nel testo di MK la preghiera è chiamata Ⲡⲓϣⲗⲏⲗ ⲙ̀Ⲡⲓⲣⲉϥⲉⲣⲥⲕⲉⲡⲁⲍⲓⲛ, molto probabilmente una traduzione del termine arabo in copto. Il copto, però, sembra riflettere l'ambiguità dell'arabo: è la preghiera di "ciò che copre" (سِتَار) o anche di "colui che copre" (سَتَّار). Il termine copto potrebbe, allora, indicare un "velo", ma si

159

sarebbero potuti usare termini più precisi come ⲥⲟⲩⲗⲓ, ⲥⲟⲗⲓ o ⲉⲣϣⲱⲛ che non appaiono (il "velo del tempio" è costantemente tradotto in BOH con il greco καταπέτασμα). Guardando al verbo greco usato nel nome copto della preghiera Ⲡⲓϣⲗⲏⲗ ⲙ̀Ⲡⲓⲣⲉϥⲉⲣⲥ̀ⲕⲉⲡⲁⲍⲓⲛ, σκεπάζω, ci rendiamo conto, però, che, all'interno dell'Agpia, lo ritroviamo nella preghiera di ringraziamento: ⲁϥⲉⲣⲥⲕⲉⲡⲁⲍⲓⲛ "ci ha coperti", cioè "ci ha protetti". Dunque, essendo una preghiera originariamente legata alla tradizione siriaca, il cui titolo è passato direttamente nell'arabo, sarebbe meglio chiamarla "del riparo/della protezione", così ricollegandola al salmo 90 che, come per la tradizione siriaca, è pregato qui, in quest'ora dell'Agpia copta, come 14° salmo. Questo richiamo semitico, però, non sembra all'apparenza possibile in copto se si considera il v. 1 del salmo 90, dal momento che non troviamo il termine "riparo" ma il termine βοηθεία cioè "soccorso" ("colui che dimora nel *soccorso* dell'Altissimo"). È invece possibile ricollegare il salmo copto al termine siriaco considerando il v. 14 in copto che dice ϯⲛⲁⲉⲣⲥⲕⲉⲡⲁⲍⲓⲛ "lo coprirò", riprendendo, così, il tema della protezione. Volendoci, dunque, affidare alla nostra edizione di riferimento e, rifacendoci sia al testo della preghiera di ringraziamento che al v. 14 del salmo 90, ci sembra giusto tradurre il titolo di questa preghiera con l'espressione "preghiera del Protettore".

[110] Attualmente il testo inizia con il versetto 15. Tuttavia, sia MK che al-Ṭūḫī iniziano dal v. 16.

[111] Corrispondenti, all'incirca, a 4 o 5 km.

[112] Cf. nota 21

[113] Lett.: "affinché non mi addormenti fino a morire". Cf. Sal 12,4. Nella presente Agpia il verso del salmo presenta la preposizione ϧⲉⲛ (ϧⲉⲛ ⲫ̀ⲙⲟⲩ = nella morte), mentre qui, nei tropari, la preposizione è ⲉ (ⲉⲙⲟⲩ = per/verso la morte). Il senso sembra essere lo stesso.

[114] Il testo di MK ha erroneamente ⲛⲓϫⲟⲙ "le potenze" invece di ⲛⲓϫⲱⲙ "i libri".

[115] Testo di difficile traduzione. Il senso di ⲛⲓⲙⲉⲩⲓ ⲉⲧⲉⲉⲣⲁⲡⲟⲗⲟⲅⲓⲛ è "si offrirà una difesa per i pensieri". I pensieri saranno oggetto di giudizio.

[116] Il termine usato qui è μεσιτεία "mediazione" e non πρεσβεία "intercessione, ambasceria".

[117] Il termine usato è ϣⲉⲙϣⲓ "servizio", "adorazione", "culto", "liturgia". È impreciso, dunque, tradurre con "veglia" o "vigilia".

[118] Lett.: "il sonno della distrazione".

[119] Ⲙⲉⲧⲣⲉϥⲉⲣⲛⲩⲫⲓⲛ. Ⲁ̀ⲣⲓⲛⲩⲫⲓⲛ è la traduzione copta, nel NT, del termine greco νήφω "vigilare". Burmester traduce "attendere lo Sposo" perché, giustamente, legge la parola greca νυμφίος 'sposo' (attenzione alla ν e alla μ mediane). Non sappiamo perché il traduttore copto, per indicare "veglia", usi il greco νυμφίος "sposo" invece di νήφω "vigilare". Alcune interpretazioni popolari intravedono un legame spirituale tra la "veglia" e lo "Sposo", sulla falsariga di Mt 25,1-13. Ma potrebbe trattarsi soltanto di un'alterazione del termine greco, come succede sovente.

¹²⁰ MK riporta come antifona Δόξα σοι, Κύριε (Gloria a te, Signore). Al-Ṭūḫī e Burmester non ne riportano alcuna. Tuttavia, il recente manoscritto P usato da Burmester, del XX secolo, ha sia Δόξα σοι, Κύριε che Δόξα σοι. Preferiamo, qui, inserire l'antifona attualmente in uso nella liturgia (forse per influsso dei brani con cui si inaugura la prima liturgia notturna?) che è Δόξα σοι, Φιλάνθρωπε (Gloria a te, o Filàntropo).

¹²¹ Il bohairico ⲉⲣϭⲓ ⲥⲁⲛⲓⲥ sembra non avere altra traduzione che "dubitare" (cf. Crum 345a). Il saʿidico qui traduce ⲉⲛⲧⲁⲓⲙⲉⲉⲧⲉ ⲉⲣⲟϥ "che ho pensato/sospettato". Il verbo greco che sta alle spalle, ὑποπτεύω, si ritrova solo un'altra volta nella Scrittura, in Sir 9,13, e significa, qui e in Siracide, "guardare con apprensione". L'arabo di MK ha ظننته "(che) ho sospettato", mentre al-Ṭūḫī ha حذرته "me ne sono guardato". Il senso potrebbe essere: "ho temuto di essere svergognato da parte tua, ma è impossibile perché sei un Giudice buono".

¹²² Ⲁϥϭⲱⲥ ⲛ̇ϫⲉ ⲡⲟⲩϩⲏⲧ ⲙ̇ⲫⲣⲏϯ ⲛ̇ⲟⲩⲉⲣⲱϯ, LXX ἐτυρώθη ὡς γάλα ἡ καρδία αὐτῶν, ovvero: "è divenuto insensibile il loro cuore".

¹²³ Ϩⲁⲛⲙⲟⲩⲛ ⲛ̇ⲥⲁϫⲓ. Ⲙⲟⲩⲛ in senso avverbiale, significa "continuamente". Dunque, letteralmente: "continue parole". Rende il greco ἀδολεσχίας. Il Burmester traduce "constant words".

¹²⁴ MK ha ⲁⲓⲕⲱϯ 'ho circondato' ma probabilmente è un errore di stampa (l'arabo ha فهمت). Burmester e al-Ṭūḫī confermano la traduzione araba, riportando la corretta variante copta: ⲁⲓⲕⲁϯ.

¹²⁵ Lett. "secondo il giudizio degli amanti del tuo nome".

¹²⁶ Ⲛⲁⲃⲁⲗ ⲁⲩϭⲓⲛⲓ ϩⲓ ⲫⲙⲱⲓⲧ ⲉⲃⲟⲗ ⲛ̇ⲧⲉ ϩⲁⲛⲙⲱⲟⲩ, lett.: "i miei occhi hanno attraversato il sentiero/sbocco delle acque".

¹²⁷ Il greco ἀωρία viene tradotto alla lettera ⲡⲥⲏⲟⲩ ⲁⲛ "non-tempo". Si tratta del cuore della notte.

¹²⁸ Cf. nota 21.

¹²⁹ Lett.: "grasso", cioè capace di durare a lungo.

¹³⁰ Lo statère era una moneta usata nell'antichità.

¹³¹ Cf. nota 21.

¹³² Cf. nota 21.

¹³³ Lett.: "morirà la mia vita".

¹³⁴ Lett.: "nei mari dei malati (sic!) e nell'afflizione delle strade". Traduciamo dall'arabo.

¹³⁵ Lett.: "tiranneggino su di noi nella speranza".

¹³⁶ Lett.: "dal sonno della distrazione". Cf. prima liturgia di mezzanotte.

¹³⁷ Ⲛⲓϩⲟⲣⲧϥ rende il greco φάντασμα (cf. Mc 6,49).

¹³⁸ Ⲛⲁⲕⲁⲡ. Termine non presente nel Crum. L'unico dizionario nel quale siamo riusciti a trovarlo è quello dei termini copti entrati nel dialetto egiziano, a cura di Iqlādiyūs Labīb, il quale lo collega all'arabo نكبة e ne dà come significato "afflizione, tristezza, rabbia". Non è da escludere, tuttavia, in questo punto, un passaggio di traduzione inverso, dall'arabo al copto.

¹³⁹ MK mette "sia i vivi che i morti" tra parentesi.
¹⁴⁰ Lett.: "nelle cose buone".
¹⁴¹ Errore di stampa: ⲦⲤⲞ "dissetare" invece di ⲦⲤⲒⲞ "saziare".
¹⁴² Lett.: "buona mescolanza al vento".
¹⁴³ Ovviamente, si tratta del Nilo.
¹⁴⁴ Lett.: "coloro che trovano consolazione".
¹⁴⁵ Ⲫⲁⲛⲱⲣϥ lett.: "quello della quiete", "il recluso". È la traduzione copta del termine greco ἡσυχαστής.
¹⁴⁶ Lett.: "Signore, dona continuità alla costruzione dei luoghi di incontro con le sante chiese, ai monasteri ortodossi, agli anziani che vi abitano ecc.".
¹⁴⁷ Lett.: "Non lasciare a lui, né dentro di noi né dentro di loro, porzione, né nel colpo di sinistra né in quello di destra". "Il colpo di destra" e "il colpo di sinistra" fanno riferimento ad alcuni testi monastici come questo brano di Cassiano (*Conf.* II, 2): "[La discrezione] insegna al monaco [...] il modo di evitare i due eccessi fra loro opposti, rifuggendo così, a destra, dall'esaltarsi per la pratica delle virtù [...], e dall'altra, non permettendo al monaco di deflettere a sinistra con il cedere al rilassamento".
¹⁴⁸ Lett.: "di tutti i figli del battesimo".
¹⁴⁹ Lett.: "nei loro cortili".
¹⁵⁰ Errore di stampa nel testo: ⲘⲞⲚⲔ invece del corretto ⲘⲞⲨⲚⲔ.
¹⁵¹ Errore di stampa nel testo: ϩⲉⲙ invece del corretto ϩⲉⲙⲓ.
¹⁵² Ⲛⲏⲉⲧⲉⲣⲁⲛⲁⲑⲉⲙⲁⲧⲓⲍⲓⲛ è composto con il verbo greco ἀναθεματίζω ovvero "anatematizzare", "scomunicare".
¹⁵³ Ⲛⲓⲙⲉⲧⲁⲗⲱⲥ forse dal greco μέταλλον 'miniera'.
¹⁵⁴ Lett.: "ebbrezze della morte".
¹⁵⁵ Il copto ha ⲚⲒⲘⲞⲚⲀⲤⲦⲎⲢⲒⲞⲚ "i monasteri", il che, oltre a non avere senso (San Marco evangelizzatore dei monasteri?!), segnala una traduzione al rovescio, dall'arabo al copto, di questo brano dell'assoluzione. Il termine arabo الديار, infatti, è stato compreso come plurale di دير "monastero" e non di دار "casa, territorio".

www.ingramcontent.com/pod-product-compliance
Lightning Source LLC
Chambersburg PA
CBHW041518220426
43667CB00002B/27